呼伦贝尔共识

首届呼伦贝尔
国际绿色发展大会

Hulunbuir Consensus

内蒙古草原文化保护发展基金会 编著

经济日报 出版社

目录

呼伦贝尔位于内蒙古自治区东北部，地处大兴安岭以西的呼伦贝尔高原上，因呼伦湖、贝尔湖而得名。呼伦贝尔草原是世界著名的天然牧场，是世界四大草原之一，被称为"世界上最好的草原"。图为呼伦贝尔市陈巴尔虎旗的莫日格勒河。摄影／乌琼

在呼伦贝尔的土地上，三千多条河流纵横交错，五百多个湖泊星罗棋布。森林草原、草甸草原和干旱草原在这里均有分布，草原辽阔而优美，景观层次丰富。

在诸多史籍的记载中，呼伦贝尔是蒙古民族的发祥地，成吉思汗的
先祖曾经在呼伦贝尔度过了漫长的岁月。

历史学家翦伯赞曾这样描述呼伦贝尔："这个草原一直是游牧民族的历史摇篮。出现在中国历史上的大多数游牧民族：鲜卑人、契丹人、女真人、蒙古人都是在这个摇篮里长大的，又都在这里度过了他们历史上的青春时代。"

序言

"绿色发展"是以人民为中心的发展观

布小林

2019 年 3 月 5 日，习总书记参加十三届全国人大二次会议内蒙古代表团审议时向我们强调，"要贯彻新发展理念，统筹好经济发展和生态环境保护建设的关系，努力探索出一条符合战略定位、体现内蒙古特色，以生态优先、绿色发展为导向的高质量发展新路子。"今天我们邀请国内外众多学者、企业家、政府领导汇集一堂，召开呼伦贝尔国际绿色发展大会，集思广益、上下求索，为脚下这条发展之路建言献策，首先对大家的到来表示衷心的感谢。

党的十八大把生态文明建设纳入中国特色社会主义事业五位一体总体布局，明确提出大力推进生态文明建设，努力建设美丽中国，实现中华民族永续发展。建设生态文明，关系人民福祉，关乎民族未来。而"绿色发展"究其根本，也是以人民为中心的发展观。

呼伦贝尔市拥有 12.6 万平方公里森林、10 万平方公里草原、2 万平方公里湿地、500 多个湖泊、3000 多条河流，构成了中国规模最大、最为完整的生态系统。

一、"绿色发展"的出发点和落脚点

47 年前，即 1972 年 6 月，联合国在斯德哥尔摩召开了有史以来第一次"人类环境会议"，讨论并通过了著名的《人类环境宣言》，达成了"只有一个地球"，人类与环境是不可分割的"共同体"的共识，并确定每年的 6 月 5 日为世界环境日。它反映了世界各国人民对环境问题的认识和态度，表达了人类对美好环境的向往和追求，同样也意味着环保运动由群众性活动上升到了政府行为。当年在会上，中国代表团提出了经周恩来总理审定的中国政府关于环境保护的 32 字方针："全面规划，合理布局，综合利用，化害为利，依靠群众，大家动手，保护环境，造福人民。"

4 年前，习近平总书记在巴黎出席气候变化大会时强调，中国一直是全球应对气候变化事业的积极参与者，将落实创新、协调、绿色、开放、共享的发展理念，形成人与自然和谐发展现代化建设新格局。在经历改革开放 40 周年、新中国成立 70 周年之际，放眼世界，中国以一个大国的姿态担当起环境和人类的和谐共生关系，以期促进人与社会、人与环境、当代人与后代人的协调发展。

所以，无论是回顾历史、审视今天还是展望未来，无论是放眼世界、心系中国还是聚焦内蒙古，"绿色发展"本质上是要解决人类生存和可持续发展的问题，其出发点和落脚点都是"人"。坚持走好绿色发展道路，将惠及全社会每一个社会成员，是全体人民过上全面小康生活的重要体现。

二、"绿色发展"的路径

"万物各得其和以生，各得其养以成。"现阶段，我区各类环境污染问题不容小觑，成为民生之患、民心之痛。如何实现生态优先前提下的绿色发展，是本次大会的核心议题，

在开幕式上，"五彩呼伦贝尔"儿童合唱团为大家带来草原天籁般的歌声。摄影／郑向阳

也是我们未来甚至十几年、几十年、几辈人需要不断思考和探索的命题。曾经在呼伦贝尔这片广袤的土地上，无论是汉族、蒙古族，还是鄂伦春族、鄂温克族、达斡尔族或其他少数民族，我们的祖辈实现过人与自然的和谐共生和有序发展，我们敬畏自然、尊重自然，所以得以世代繁衍、生生不息；现在我们借"呼伦贝尔国际绿色发展大会"的平台，聚集两院院士、国内外高等院校有关森林、草原、河流、水利、环境等各方面的专家学者及研究机构代表、一线相关企业负责人、国家主管部委以及各省市区代表、媒体代表等300余人于此，广开言路、博采众长，希望大家能提供好的经验和方案，形成内蒙古特色的"绿色发展"的路径，通往生态文明的美好未来。

诚然我们需要认识到,这条远大的绿色发展之路并非可一蹴而就,生态问题、新能源问题、经济转型问题、制度与管理问题等等重大议题不会在短时期内全部迎刃而解,需要我们始终牢记以人民为中心的发展观,不断探索可持续的、更高质量的生产生活方式,在提升生产力的同时提高生态力,使人与自然在发展中形成一种动态平衡。

三、"绿色发展"的衡量标准和奋斗目标

习总书记在中共中央政治局第一次以"绿色发展"为主题的集体学习时还曾强调,"生态环境保护能否落到实处,关键在领导干部"。那么今天聚焦到我们自身,在具体工作中衡量绿色发展道路是否正确的标准是什么?我们的政绩观应该如何树立?工作美誉度如何提升……党中央和国务院对我们提出了很多具体的要求,各地区因情况不同也有所差异和侧重,具体到内蒙古自治区,各个盟市、旗县区之间,工作目标和考核标准也会不同,而我想这其中不会变的就是"人民对于美好生活的向往"这一奋斗目标。我们对于绿色发展相关的制度建设、行政管理、法律法规完善等一系列工作,全部围绕这一奋斗目标,秉承以人民为中心的发展观,切实做到一切发展为了人民,发展成果由人民共享,使人民群众有更多的安全感、获得感和幸福感。

"环境就是民生,青山就是美丽,蓝天也是幸福"。大道之行,天下为公;绿色发展,人民为中。为能够达到创造人民更加美好生活的宏伟目标,让我们持续用力,驰而不息,不忘初心,携手前行。

第一章 在呼伦贝尔深处看绿色发展

第一节 我们在呼伦贝尔

草原的美是一种天高地阔的美。2019年8月，当我们相聚在呼伦贝尔草原时，壮阔的草原正是一年中最美好的季节，2019呼伦贝尔国际绿色发展大会在海拉尔拉开了帷幕。

这次大会的主题是"探索以生态优先、绿色发展为导向的高质量发展新路子"，会议由开幕式、全体大会、"绿水青山就是金山银山"论坛、"绿水青山"博览会以及2019呼伦贝尔国际绿色生态与环保产业展览组成。

"绿水青山就是金山银山"论坛，采取了大家很感兴趣的方式——在内蒙古最美的草原深处，就像古人在草原上游牧那般，以移动的方式举办。从海拉尔到额尔古纳，再到新巴尔虎右旗，分别举行全体大会、森林及水资源分论坛、草原分论坛。在移动的论坛上，国内外专家学者、商界、文化与旅游界和新闻媒体代表围绕森林、水资源、草原展开研究与讨论。

在草原上一边行走一边探讨"生态与绿色"的主题，呼伦贝尔草原是个最好的选择。

　　很多人的印象中，内蒙古是广袤草原地带，事实上，内蒙古的草原也分为不同的类型。狭长的内蒙古东部与黑龙江、吉林、辽宁接壤，中西部与河北、山西、陕西、宁夏、甘肃和新疆毗邻，跨越了东北、华北、西北，由于跨越的经度大，受季风气候的影响，由东向西降水量逐渐降低，温带草原在这里诞生了草甸草原、典型草原和荒漠草原三个不同的类型。最东部的呼伦贝尔草原便是植被种类最为丰富的草甸草原。不仅如此，放眼整个欧亚大陆乃至全世界，呼伦贝尔草原都可以算得上是植被最复杂、景观最华丽、自然条件最优越的草原与牧场。

　　呼伦贝尔拥有的不只是这最美的草原。呼伦贝尔大草原位于呼伦贝尔市的西部、内蒙古高原的东北部；大兴安岭纵贯呼伦贝尔中部，构成了呼伦贝尔的林区；大兴安岭的东部则是东北平原—松嫩平原的边缘。森林与草原在这里交错，独特的地形地貌、复杂多变的气候类型、丰富多样的生态系统养育了蒙古族、达斡尔族、鄂温克族、鄂伦春族等诸多草原民族。

　　在草原的历史上，呼伦贝尔也有着不可替代的重要地位。1961年夏天，历史学家翦伯赞应乌兰夫同志的邀请访问内蒙古，之后写下了著名的《内蒙访古》一文，他在文中满怀情感地盛赞呼伦贝尔："呼伦贝尔不仅在现在是内蒙的一个最好的牧区，自古以来就是一个最好的草原。这个草原一直是游牧民族的历史摇篮。出现在中国历史上的大多数游牧民族：鲜卑人、契丹人、女真人、蒙古人都是在这个摇篮里长大的，又都在这里度过了他们历史上的青春时代。"

　　因此，走入呼伦贝尔，不仅是走入了世界上最美的草原，同时也是进入了许多游牧民族的历史与精神的深处。我们在这里惊叹于草原的美，享受着草原的馈赠，却并不心安理得——我们殷殷关切的是草原的未来。

被称为"天下第一曲水"的莫尔格勒河从东北向西南蜿蜒蛇行在呼伦贝尔的陈巴尔虎草原上，其两岸地势平坦开阔，水草丰美，是呼伦贝尔著名的优良牧场。

草原具有防风固沙、涵养水源、保持水土、净化空气和维护生物多
样性等重要生态功能。摄影 / 张艳梅

第二节 绿色发展的紧迫性

8 月 26 日一早，碧空如洗，呼伦贝尔大剧院前聚集了穿
着蒙古族传统服饰的姑娘，迎接各界来宾进入大剧院的会场，
2019 呼伦贝尔国际绿色发展大会的开幕式就在这里举行。

在开幕式上，内蒙古自治区党委副书记、主席布小林女士
向来宾表示欢迎，并在发言中提出了这次会议的核心主题——
"'绿色发展'是以人民为中心的发展观"。她在发言中对绿
色发展的出发点和落脚点进行了梳理；总结了绿色发展的路径
和难点，将"人民群众对美好生活的向往"作为衡量绿色发展
的标准和奋斗目标；并呼吁借"呼伦贝尔国际绿色发展大会"

的平台凝聚两院院士、国内外高等院校有关森林、草原、河流、水利、环境等方面的专家学者及研究机构代表、一线相关企业负责人、国家主管部委以及各省市区代表、媒体代表等，广开言路、博采众长，希望大家提供好的经验和方案，形成内蒙古特色的绿色发展的路径。

"绿色发展"这个概念，并不是近年才出现的，却日益成为当下急需讨论并实现的发展路径。20 世纪 50 年代以来，世界经济进入繁荣发展的黄金时期，人们的物质生活得到极大改善，以追求经济增长为目标的传统发展观长期占据统治地位。传统发展观强调将人类自身的需要视为经济活动的价值判断，以追求经济高速增长、推崇区域非均衡发展、注重眼前利益为主要特征。

然而，地球自然资源的有限供给和生态系统有限的自净能力，使传统经济增长模式引起的资源环境问题日益严峻，"有增长无发展"的资源环境和社会问题开始蔓延至全球。全球变暖、环境污染、淡水紧缺、耕地减少、森林破坏和生物多样性锐减等一系列世界性问题已经超越了国家之间的地理界限，将人类置于"资源－环境"双重压迫的窘境，直接关系到地球存亡和人类生存。在此背景下，人类开始思考经济增长和生态环境的关系并探索可持续发展道路。美国海洋生物学家雷切尔·卡逊《寂静的春天》、经济学家肯尼斯·鲍尔丁"宇宙飞船经济理论"、罗马俱乐部《增长的极限》、布伦特兰《我们共同的未来》等著作和理论极大地推动了可持续发展思想理念的形成。

1987 年，联合国提出了"可持续发展"的理念，把可持续发展定义为"既满足当代人的需要，又不对后代人满足其需要的能力构成危害的发展"。1992 年的联合国环境与发展大会上，可持续发展取得了世界共识。与传统发展观相比，可持续发展强调人力资本投资、减贫，主张经济发展应当充分审视自然资源的承载能力。

绿色发展与可持续发展思想一脉相承，是对发展模式的有益探索。英国经济学家大卫·皮尔斯在其 1989 年的著作《绿色经济蓝图》中，首次提出"绿色经济"的概念。随着国际社会对全球气候变化的关注，绿色发展逐步成为新的发展共识。

从内涵上来看，绿色发展更具包容性，既包括传统可持续发展中所关注的人口和经济增长与粮食和资源供给之间的矛盾，同时也强调气候变化对人类社会的整体性危机。人类社会已经逐步认识到气候变化影响的范围广和气候异常影响的不确定性强对所有国家都是潜在的威胁，这些威胁包括气候变化导致的干旱和降雨情况的变化以及由此导致的粮食作物产量下降；气候变化导致冰山融化及各大河系水流减少；气候变化导致极端天气日益频繁，直接威胁人类的生产安全、生活安全以及自然财富。从某种意义上讲，绿色发展观可以看作是第二代可持续发展观。

改革开放 40 年来，我国经济发展飞速，国民生活水平大幅提升，综合国力不断增强，国际地位得到极大提高，但反思传统发展模式，高投入、高消耗的生产模式，导致资源日渐匮乏，生态环境堪忧。经济快速增长的同时，资源环境的承载力已达上限，环境脆弱、资源匮乏严重制约我国经济社会的发展。如果走传统发展道路，自然资源将难以有效供给，环境不堪重负，因而急需转变发展模式。传统发展模式带来的环境问题亟待发展模式的绿色化转型，而绿色发展是实现可持续发展的必由之路。

习近平在担任浙江省委书记时即探讨了传统发展方式的弊病，就环境保护与破解经济发展难题提出了"两山论"，即"绿水青山就是金山银山"，基本形成绿色发展理念。2012 年至

2017 年，习近平进一步完善和丰富"两山论"，系统阐述绿色发展埋念，并在实践中全方位展开，标志着习近平绿色发展理念的成熟和发展。党的十七大报告指出，"经济增长的资源环境代价过大"，党的十八大报告提到，"前进道路上的困难和问题，再次警示资源环境约束加剧、环境和生态问题的凸出，要求必须加快社会发展的战略转型"，可见要寻求环境和经济利益的平衡点，必须实现从黑色发展走向绿色发展。与传统发展模式相比，绿色发展可以充分提高资源的利用效率，实现经济、社会和环境的共赢。

同时，我国经济开始进入"新常态"，对经济发展速度进行调整，经济增长速度有所减缓，"经济结构转向深度调整，发展模式由黑色发展转向绿色发展，绿色化成为发展动力的新增长点"，合理利用有限的资源，满足人类的发展要求。经济新常态是以环境友好和资源节约为内核的发展模式。新常态将经济增长的"质"放在重要位置，而不再仅仅是追求"量"，为中国经济的绿色发展提供了契机。习近平绿色发展理念与经济新常态相适应，表现为能源结构绿色化、科技创新高端化的战略趋势，这种趋势是经济结构调整的现实需求，是跨越中等收入陷阱的现实需求，是中国经济真正走向世界的现实需求。我国新常态下社会经济发展的最高要求就是实现绿色发展，新常态为绿色发展提供制度、管理和科学技术创新平台，以加快发展方式的绿色化转型，推进绿色发展进程。

第三节 草原上的绿色发展

在内蒙古的草原上，绿色发展有着极为特殊的意义。内蒙古草原总面积近 88 万平方公里，是我国五大草原之一，是中国北方重要的草地资源和自然生态屏障。内蒙古草原位于温带东亚季风区，冬春来自西伯利亚的西北风和夏秋来自太平洋的

培育防风固沙林，是草原上遏制沙地蔓延和植被退化的一种有效手段。图为呼伦湖附近的防风固沙林。摄影／苏德夫

东南风，都和草原带垂直相交。草原上的多年生禾本科草和小型灌木混生，构成地上密闭的草层和地下庞大的根系，具有很强的防风固沙作用。但是近年来，由于种种原因，内蒙古草原生态问题日益突出，草原生态破坏加重，草原面积逐年减少，地下水位下降，沙尘暴频发，水土流失加剧，对我国的生态安全构成了严重的威胁。

习近平总书记对内蒙古工作的重要讲话，每次都突出强调内蒙古生态环境保护建设的重要性，确立了把内蒙古建成我国北方重要的生态安全屏障的战略定位。2014 年 1 月，他在考察内蒙古时的重要讲话中指出，内蒙古的生态状况如何，不仅关系内蒙古各族群众的生存和发展，也关系华北、东北、西北乃至全国的生态安全，要努力把内蒙古建成我国北方重要的生态安全屏障。2018 年 3 月，习近平在全国"两会"期间参加内蒙古代表团审议时的重要讲话中指出，把内蒙古建成我国北方重要的生态安全屏障，这是立足全国发展大局确立的战略定位，也是内蒙古必须自觉担负起的重大责任。2019年3月，习近平在全国"两会"期间参加内蒙古代表团审议时的重要讲话中指出，构筑我国北方重要生态安全屏障，把祖国北疆这道风景线建设得更加亮丽，必须以更大的决心、付出更为艰巨的努力。2019年7月，习近平在考察内蒙古时的重要讲话中指出，"筑牢祖国北方重要的生态安全屏障，守好这方碧绿、这片蔚蓝、这份纯净，要坚定不移走生态优先、绿色发展之路，世世代代干下去，努力打造青山常在、绿水长流、空气常新的美丽中国。"这是习近平总书记对新时代内蒙古生态文明建设的最新指示和部署，为建设生态内蒙古指明了根本前进方向。

因此，作为北方重要的生态安全屏障，内蒙古的绿色发展意义重大。这也是此次呼伦贝尔国际绿色发展大会关注的重中之重。

内蒙古自治区副主席包钢就如何把内蒙古建成我国北方重要的生态安全屏障阐述了自己的观点。他指出，一定要保持加强生态文明建设的战略定力。表面上看，保护生态环境和发展经济存在一定矛盾，但从根本上讲，两者是有机统一、相辅相成的，不能把生态文明建设当作说起来重要、做起来次要的事情。内蒙古是资源大区，这几年在经济增长上遇到一定困难，表面看是速度问题，深层次是结构问题。在现阶段，转方式、调结构中遇到了很大挑战，但决不能因为经济发展遇到一点困难，就开始动以牺牲环境换取经济增长的念头。人与自然是生命共同体，当人类合理利用自然时，自然的回报常常是慷慨的；当人类无序开发、粗暴掠夺自然时，自然的惩罚必然是无情的；只有遵循自然规律，减少人类活动对自然的破坏，才能还自然以宁静、和谐、美丽。内蒙古资源环境承载能力弱，要在集中、

呼伦贝尔草原北端的额尔古纳市拥有大片沃野，20世纪50年代，"开发边疆、建设祖国"成为时代最强音，一批批热血青年来到这里屯垦戍边，支持祖国北疆建设，在此地建立数个大型农场，延续至今。

集聚、集约上找出路，在工业化、城镇化进程中让更多人转移就业，尽可能减少人为因素的干扰破坏。应该深刻认识到，经济发展不应是对资源和生态环境竭泽而渔，生态环境保护也不应是舍弃经济发展缘木求鱼，二者不可偏废。一旦经济建设和生态环境保护出现矛盾，必须把生态环境保护放在前头。所以，在整个发展过程中，都应该尊重自然、顺应自然，坚持节约优先、保护优先、自然恢复为主的方针，坚持山水林田湖草是生命共同体，要像保护眼睛一样保护生态环境，像对待生命一样对待生态环境，多谋打基础、利长远的善事，多干保护自然、恢复生态的实事。

内蒙古发展的最大优势是资源，最突出的短板是环境。要探索以生态优先、绿色发展为导向的高质量发展新路子。一个时期以来，内蒙古依靠矿产资源开发、发展资源型产业取得了较快发展速度，但这种发展模式不可持续，留下了许多后患。内蒙古生态环境具有两面性，一方面是我国北方最大、种类最全的生态功能区，生态系统的底子总体不错；另一方面又是我国荒漠化和沙化土地集中、危害严重的省区之一，生态环境基础非常脆弱。所以，要贯彻新发展理念，统筹好经济发展和生态环境保护建设的关系，努力探索出一条符合战略定位、体现内蒙古特色，以生态优先、绿色发展为导向的高质量发展新路子。要坚持底线思维，以国土空间规划为依据，把"三区三线"（城镇空间、农业空间、生态空间，城镇开发边界线、永久基本农田保护红线、生态保护红线）作为调整经济结构、规划产业发展、推进城镇化不可逾越的红线。内蒙古实现高质量发展，不能简单同东部发达地区攀产业、比结构、赛速度，要立足本地资源禀赋特点，体现本地优势和特色。

在探索高质量发展道路的同时，解决好突出环境问题，既是改善环境民生的迫切需要，也是加强生态文明建设的当务之急。

内蒙古是我国北方面积最大、种类最全的生态功能区，具有森林、草原、湿地、河流、湖泊、沙漠、戈壁等多种自然景观。山，东部有大兴安岭山脉，中部有阴山山脉，西部有贺兰山山脉；水，主要河流有黄河、额尔古纳河、嫩江和西辽河四大水系；田，现有耕地 1.37 亿亩，是全国 13 个粮食主产区和 6 个粮食净调出省区之一；湖，大小湖泊星罗棋布，较大的湖泊有 295 个；沙，分布有巴丹吉林、腾格里、乌兰布和等沙漠；草原和森林是最主要的生态系统，面积均居全国第一位，分别占全国的 22% 和 7%。针对这样完整的、综合的生态系统，从全局、全域、全过程的角度出发，遵循生态系统内在的机理和规律，把保护草原和森林作为首要任务，做好"一湖两海"生态治理、矿山环境治理、京津

呼伦贝尔的湿地景观蔚为壮观。

风沙源治理、三北防护林体系建设、天然林保护、退耕还林、退牧还草、水土保持等重大生态修复工程，才能守护好内蒙古这片碧绿、这方蔚蓝、这份纯净。同时，用最严格的制度、最严密的法治保护生态环境，让制度成为刚性的约束和不可触碰的高压线。

呼伦贝尔既是内蒙古绿色发展的前沿地区，又是这次会议的东道主，呼伦贝尔市市委书记于立新为大家介绍了呼伦贝尔美好的风光与丰富的物产。会议嘉宾围绕草原文化与绿色发展的主题，分别提出了自己的看法和对这次大会的期望。

英国当代历史学家、游历作家、畅销书作家约翰·曼先生谈到，呼伦贝尔本身在对外释放一个新的信息：不久前，所有人都认为，社会、科学、政府的目的，是将自然使用到极限，使我们的经济得到飞快增长，这种理念理所当然地认为我们的地球可以被当作垃圾场；后来我们看到了结果：有毒的海洋，被污染的城市，被摧毁的雨林，太平洋上漂浮的一个个"塑料岛"，塑料污染物甚至漂到了南极洲海岸……我们都意识到不能再这样继续下去了，变化即将到来。而呼伦贝尔处于这种变化的前沿，因为呼伦贝尔的生态还没有受到工业的大面积破坏，这里应该给世界其他国家带来美，在这个区域，存在着通过保护尚未被破坏的美丽带来变革的领导者们，他们向世界表明，改变是必要的，而且希望世界能够聆听呼伦贝尔，并把它作为一个例子，作为学习的目标。

中国藏学研究中心原副总干事、中国青藏高原研究所理事长洛桑灵智多杰先生根据呼伦贝尔的地理位置和生态特点，形容道：如果我们把内蒙古的地形看成是一条奔向东方的巨龙，呼伦贝尔便是龙头。呼伦贝尔水资源总量是286.6亿立方米，其中地表水为272亿立方米，占全区水资源量的73%，因而，我们又把呼伦贝尔看成是内蒙古的水龙头。同时，呼伦贝尔的草场面积占全市土地面积的33%，草原生态也是重要的安全屏障。我们的责任就是要全力呵护好这块宝地。在人与自然关系的问题上，草原文化崇尚自然，草原文明是一种生态文明，是一种生态智慧。它追求人与自然和谐，走的是一条人与自然和谐相处的道路，这不仅为保护弥足珍贵的草原生态环境作出了重要贡献，而且为解决当今社会面临的环境问题、推进生态文明建设提供了重要的启示。因此，我们有理由认为，弘扬草原文化应当成为生态文明建设的重要思想来源与价值取向。

奥地利中欧发展促进会主席史蒂芬·劳赫先生围绕"未来"二字谈绿色科技时代将如何改变我们的生活和世界，探讨哪些核心技术将对世界产生最大的影响，从技术进步、新能源的发展、成本降低的角度阐述了它们对新经济的影响。

中国工程院院士沈国舫先生为大家总结了习近平总书记的生态文明建设思想的形成与发展过程，阐述了山水田园湖草是生命共同体的认识，介绍了国际上通用的生态系统调整的四大布局，强调生态补偿的重要性。并且，针对天然林保护工程中的一些误区，从专业的角度为大家讲解了生态保护修复和自然资源的合理利用可以协调并进的问题。

国家统计局原副局长、高级统计师许宪春先生从大数据历史发展的角度，介绍了新时代中国大数据的新特征。他提到，大数据成为区域经济转型发展的新动力，成为提升政府治理理念的新途径；许多政府包括省市政府都高度重视大数据，高度重视数据在社会治理方面的作用；大数据成为无数国家政策下新的机遇，是提升一个国家产业竞争力的重要手段。

中国公共外交协会高级顾问、中央电视台特约评论员哈维·佐丁先生在谈到内蒙古的绿水青山时说，习主席在新的大国关系模型中与美国前总统巴拉克·奥巴马紧密合作，成功达成了《巴黎气候协定》，但特朗普的首批行动之一就是退出这部协定。习主席相信双赢；但特朗普相信美国至上，而我们的

呼伦贝尔大草原是中国当今保存完好的草原，水草丰美，
有碱草、针茅、苜蓿、冰草等 120 多种营养丰富的牧草，
有牧草王国之称。

星球以及其他所有人排在最后。哈维·佐丁对内蒙古盛赞有加，他说，内蒙古地区有很多绿水青山的美丽风景，拥有丰富的自然资源和纯净的空气，以及未受污染的环境，是人间天堂的一部分。当我们处在经济发展和保护环境的十字路口，可以选择破坏这种美丽并损害长期经济发展，也可以选择平衡的环境促进与可持续发展，中国做出了正确的选择。

曾获得奥斯卡金像奖最佳导演奖的凯斯·美林先生讲到，影视行业比大多数行业更倾向于绿色发展——一家电影公司进入一个片场，创造了数百个就业岗位，搭建了布景，为当地经济发展投入大量资金；当任务结束时，就会把一切恢复到先前的模样，这一行业对环境几乎没有产生任何负面或永久性的影响。"我参观并拍摄了地球上一些最不寻常、最美丽和最不为人知的地方。我还非常荣幸地见到了来自各个大陆的人们——有些人生活在熙熙攘攘的大城市，有些人生活在连绵起伏的乡村丘陵地带，还有些人生活在最简陋的土著村落。我想，我们应该深刻认识到尊重每个生命的重要性，我们应努力在绿色环保和生存发展之间找到平衡点。"他还提到，将为成吉思汗陵定点影院专门打造一部巨型屏幕电影，这部电影也将彰显环境保护的重要性；同时，他也在探讨在呼伦贝尔地区建立一个或多个大屏幕定点影院的可行性，从而让游客来这里领略呼伦贝尔的整体面貌，也一并把这片神奇土地上的胜迹呈现给那些没有机会来此旅游的人们。"人类社会的发展必须尊重自然规律，当我们意识到这是全人类的共同责任时，我相信我们可以在创建生态文明和珍视生存权利之间找到平衡。"

清华大学环境学院清洁生产与生态工业研究中心主任陈吕军先生着重阐述了生态文明、生态产业化和产业生态化之间的关系，分析了呼伦贝尔的经济发展特点，对呼伦贝尔实施绿色发展，走产业生态化和生态产业化之路提出了发展建议。

第四节　呼伦贝尔共识

在会上，大家不约而同地围绕习近平总书记"绿水青山就是金山银山"的思想展开了讨论。2005 年 8 月，时任中共浙江省委书记的习近平，在安吉县调研时首次提出了"绿水青山就是金山银山"的科学论断。此后，基于生态文明建设实践经验和我国生态环境治理以及绿色发展的需要，习近平对"两山"之间关系的三个发展阶段进行了深刻总结，并提出了"既要绿水青山，也要金山银山。宁要绿水青山，不要金山银山，而且绿水青山就是金山银山"的思想论述体系。

金山银山是人的物质追求，绿水青山是人赖以生存的自然条件，这两者都是人生存和发展所需要的，而这两者兼得需要智慧。"绿水青山就是金山银山"的新思想，把环境、生态纳入了"生产力"范畴，破解了发展中环境、生态与生产力的关系这一难题。

经济发展与生态文明建设是一对矛盾，既对立又统一。但是人们往往把二者间的统一性忽略了，过多地强调二者间的对立性，似乎要发展经济，必然破坏环境，阻碍生态文明建设；而要保护环境，建设生态文明，必然影响经济发展。尤其是在过去的发展中，一直重视经济发展，久而久之，经济发展优先甚至"唯经济发展"的观念诞生了，在这种导向下，特别是在GDP 考核指标下，现实中不可持续的低质量发展屡见不鲜。在 21 世纪的头 10 年中，内蒙古连续 8 年全国 GDP 增长速度第一，但是，这种经济增长对资源型产业的路径依赖，与高质量发展的道路有一定距离。因此，习近平总书记在内蒙古考察调研时强调，要坚定不移走生态优先、绿色发展之路。只有在生态优先、绿色发展导向下，才会有高质量发展。

保护生态环境就是保护生产力，建设生态环境就是发展生

只有加大生态系统保护力度，才能把草原建设成为中国北方重要的生态安全屏障。

产力。加大生态系统保护力度是走生态优先、绿色发展为导向的高质量发展新路子的内在要求，是筑牢祖国北方重要生态安全屏障的长远之计，是解决人民群众反映强烈的突出环境问题的现实选择，是切实改善环境民生的迫切需要，是加强生态文明建设的当务之急。加大生态系统保护力度要首先厘清内蒙古生态系统保护中存在的一系列突出问题。近些年，内蒙古深入实施重点生态建设工程，推进重点区域污染治理，森林覆盖率和草场植被盖度都实现了提高，荒漠化和沙化面积都实现了减少。但是，内蒙古整体生态环境依然脆弱，特别是随着工业化、城镇化进程推进，资源环境约束趋紧，资源开发利用与保护之间的矛盾凸显，生态系统保护任务依然艰巨。

加大生态系统保护力度，要把草原、森林生态系统保护作为首要任务。草原是内蒙古生态系统保护的主要对象，更是国家最重要的生态安全屏障。内蒙古有 13 亿亩草原，占全区总

呼伦贝尔市地表水资源达到 272 亿立方米，占中国地表水资源量的 1%，人均占有水资源量为 1.1 万立方米，高于世界人均占有量，同时是中国人均占有量的 4.66 倍。摄影／郑向阳

面积的 73.26%，占全国草原面积的 21.67%，草原可利用面积居全国之首。加大草原建设与修复力度，深入实施退牧还草、京津风沙源治理等重大工程，治理退化沙化草原；大力实施沙漠锁边工程，努力实现沙不成害、风不成灾、水土不流失、自然保护地面积不减、功能不下降；实施草原生态监测评估制度，实时监测草原生态状况动态变化，实时采取对策保护草原；全面落实基本草原保护制度，落实草原生态保护补助奖励政策，严厉打击破坏草原行为，有效规范草原征占用管理，稳定和完善草原承包经营制度，规范草原经营权依法流转，落实草原"三权分置"，转变草原畜牧业生产经营方式，特别要严格执行禁牧休牧和草畜平衡制度，确保基本草原面积不减少、用途不改

变、质量不下降、利用持续合理。加快开展山水林田湖草生态保护修复试点工程，深入实施天然林资源保护、"三北"防护林建设、退耕还林还草、水土保持等重点生态建设工程，开展大规模国土绿化行动，加强荒漠化防治和水土流失综合治理，不断巩固和扩大生态保护建设成果。

生态系统的保护必须坚持尊重自然、顺应自然和保护自然的生态文明理念，充分考虑内蒙古干旱半干旱地区水资源短缺的实际情况，坚持量水而行，坚持宜林则林、宜草则草的自然规律。坚持自然恢复为主的方针，坚持山水林田湖草系统综合治理的原则，整体渐进、重点突破，全面提升生态系统的质量和稳定性，厚植绿色底蕴，构筑起祖国北方的万里绿色长城。

首届呼伦贝尔国际绿色发展大会开幕式现场

2019 年 8 月 26 日，呼伦贝尔国际绿色发展大会在内蒙古自治区呼伦贝尔市海拉尔区开幕，内蒙古自治区党委副书记、主席布小林，呼伦贝尔市市委书记于立新，苏里南共和国驻华大使陈家慧，英国当代历史学家、游历作家、畅销书作家约翰·曼，中国旅游集团总经理助理、中国旅行社总社有限公司、中国国际旅行社总社有限公司董事长陈荣等嘉宾先后在开幕式上致辞。内蒙古自治区副主席包钢及呼伦贝尔市市委副书记、市长姜宏等出席开幕式，内蒙古自治区政府秘书长包振玉主持开幕式。

首届呼伦贝尔
国际绿色生态与
环保产业展览

开幕式后，与会嘉宾一同赴内蒙古民族体育中心参观了2019呼伦贝尔国际绿色生态与环保产业展览。展览总面积41600平方米，其中户内展馆13000平方米、户外展示28600平方米，共分为5个展区，设标准展位87个、特装馆30个、户外大型机械展位53个。本次展览共有505家企业参展，其中吸引了来自美国、法国、加拿大等欧美国家以及伊朗、蒙古国、巴基斯坦等"一带一路"沿线国家等15个国家的30家企业参展，同时有北京、上海、广州、香港等20多个省、市、区的475家大型企业和来自国内外的80家采购商展示交流，是近年来呼伦贝尔市承接的规模最大、规格最高的绿色生态环保展览盛会。

第二章 "绿色"就是价值

第一节 欧美国家走过的生态弯路

在生态与发展的关系问题上，欧美国家曾经走过的"污染—治理"的历史，为我国的生态发展提供了重要的借鉴意义。

泰晤士河是伦敦的母亲河，孕育了伦敦的繁华。19世纪英国工业革命后，泰晤士河水质迅速恶化，成为世界上污染最早、污染危害最严重的城市河流之一。当时伦敦居民的日常生活用水大多取自于此，由于河流受到污染，导致霍乱等疾病流行，严重影响了人们的日常生活。

英国泰晤士河发源于英格兰西部的科茨沃尔德山，流经伦敦市区，在诺尔岛注入北海，英国人习惯地称之为"泰晤士老爹"。泰晤士河全长约346公里，和地球上其他的河流相比，既不算长也不算宽。但是在英国人眼中，泰晤士河最具魅力。19世纪的一位伦敦码头工人曾说过，"泰晤士河里的每一滴水都包含着历史"。

19世纪以前，泰晤士河还是一条相对干净的河流，河水清澈，以盛产鲑鱼而著称，既是水禽的自然栖息场所，也是人们泛舟河上休闲娱乐的快乐胜地。乔治一世时，曾举办过皇家水上晚宴，席间作曲家亨德尔的"水上音乐"首次回荡在泰晤士河上。1728 年，诗人蒲柏在《笨伯咏》诗篇里盛赞泰晤士河为"银色的河流"，这是许多人对于泰晤士河的想象。然而 19 世纪初之后，随着工业废水和生活污水被源源不断地排入泰晤士河，原来美丽清澈的大河彻底变成了一条污秽不堪的臭水沟。

英国泰晤士河被污染并非始于 19 世纪。早在 12 世纪，伦敦的居民就很草率地将垃圾扔进泰晤士河的支流弗利特河，造成严重的河流污染和河道淤积。1307 年，弗利特河便不能再通航了。16 世纪末期，约翰·斯托曾写道："弗利特河最后一次彻底的清污是在 1502 年，再往后的一次清污就是 1598 年，但都没能够成功改变这条河的状况，河水频频泛溢上岸，把饲养牲畜所产生的粪便等污物带到了河里。其结果是河水变得更加令人作呕、臭不可闻，其程度是之前任何时候都无法比拟的。"

1836 年，维多利亚女主登基之前，有人曾这样描述泰晤士河的污染状况："上帝为了我们的健康、娱乐和利益而赐予我们的高贵河流，已变成伦敦的公共污水沟。每天，大量令人作呕的混合物进入水中，而这水，就是欧洲最文明之都的居民的日常饮料。"19 世纪中期，泰晤士河的污染更加严重。1855 年，著名化学家法拉第致信《泰晤士报》编辑，描述了他所见到的泰晤士河水，信中写道："这一天的下午一点半到两点钟，我乘坐轮船在泰晤士河下游伦敦到汉格福德桥的这段河面考察：水位很低，我想潮汐应该就在这附近。河水的表面和气味立即引起了我的注意……整条河变成了一种晦暗不明的淡褐色液体……气味很臭，就像街道上散发的臭气一样，印象深刻至极……这时，整条河实际上就是一条臭水沟。"

英国泰晤士河风光。在历史上，泰晤士河曾经污染严重。

到 1857 年时，泰晤士河每天都会吸纳 250 吨左右的污染物，1858 年则因被称为"奇臭年"而留在了人们的记忆中。这年 6 月，天气异常炎热干燥，气温高达 35℃，正值泰晤士河暖潮。一百多条污水沟不断地向泰晤士河流入污染物，而上游河水的流量却急剧减少。淤积在河道中的大量污染物裸露在阳光下，被烘烤得发出阵阵恶臭。维多利亚女王和他的丈夫以及宾客们乘船游览泰晤士河，女王不得不以花束掩面，还没游玩几分钟，扑鼻而来的阵阵臭气就把他们赶上了岸。泰晤士河畔的议会大厦里正在召开会议，这突如其来的恶臭迫使议员们不得不离开会议室和图书馆，并在窗户上挂起一条条浸过消毒药水的被单。议会大厦饱受臭气笼罩之苦，不得不休会一周。

当年的《笨拙画报》——英国历史上一份著名的幽默杂志，曾刊登了一首诗讽刺泰晤士河水污染，其内容如下：

Filthy river，filthy river，（污秽怎堪此河流）
Foul from London to the Nore，（伦敦诺尔一路臭）

All beside thy sludgy waters，（面前流淌污浊水）
All beside thy reeking ooze，（浑身披挂腥臭泥）……

Christian folk inhale mephitis，（多少基督徒呼吸）
Which thy bubbly bosom brews.（冒泡河面满是臭）

1866 年，在皇家河流污染调查委员会关于泰晤士河污染的一份报告里曾这样写道：泰晤士河两岸有不少的造纸厂、制革厂等工业废水流入其中，而沿地城镇居民排放的生活污水和垃圾也流入其间，使得河水污浊不堪，这些工业废水和生活污水以及各种动物尸体未经任何处理就直接进入了泰晤士河，泰晤士河也就理所当然地成了天然的藏污纳垢之所；而正是这样一条受到严重污染的河流的河水被抽取经过滤后供应给伦敦居民使用，由此可见，泰晤士河既是伦敦居民的主要生活用水来源，同时也是其工业废水及生活污水的接纳水体。伦敦居民经常从水龙头流出的水里发现大量的苔藓、果蔬杂质、或死或活的小鱼虾以及一些已经腐烂的虫子。就这样，伦敦人的生活用水和泰晤士河水之间形成了一种可怕的恶性循环。许多医生建议伦敦居民不要长期饮用泰晤士河的污水，它们只适合冲洗厕所。对此，英国社会学家亨利梅休曾戏谑道："我们向泰晤士河扔进家畜的内脏，用这肮脏的河水炖肉吃，煮咖啡沏茶喝，我们将自己的家畜的内脏三番五次地扔进河中，而这种水又回到我们嘴里，被我们饮用。"

泰晤士河的干流受到严重污染，其支流也备受摧残。布拉福德河 (Bradford River) 的河面上漂浮着腐烂的动物尸体和果蔬，水里满是污秽的泥炭混合物。亚耳河 (Aire River) 同样腐烂不堪，臭气熏天，甚至于每天都能从河中打捞出 50 具动物尸体。考尔德河 (Calder River) 流经羊毛土产区西莱丁的南部地区，由于纺织工业的发展，河水水质下降明显。皇家河流污染委员会曾经抽样检测过韦克菲尔德的下水道排水口的水质，发现河水呈现出灰黑色，而且很粘稠，可以当作黑墨水来用。

河流污染也给渔业带来了严重影响，鲑鱼的绝迹就是一个典型案例。鲑鱼俗称三文鱼，是一种洄游性鱼类，在淡水环境下繁殖，对水质要求很高，通常要求河水中的溶解氧不得低于 35%，故而时常被当作检测河流水质的一种标志性鱼类。人们在泰晤士河上最后一次捕获鲑鱼是在 1833 年的 6 月，此后难觅鲑鱼踪迹。

19 世纪中期，泰晤士河受到的严重污染与当时正在如火如荼地开展工业革命和城市化密切相关。考察这一时期英国政治、经济和社会发展的具体情况，不难发现，造成 19 世纪中期英国泰晤士河污染的主要原因有：工业革命推动英国工业迅速发展，工厂林立、工业废水增加，而大部分工矿企业主为了追求经济利益最大化，往往将这些未经相应处理的工业废水直接排入河流中；随着英国城市化进程的加快，人口开始大规模地涌向城市，这给当时相对滞后的市政建设带来了巨大的挑战，大量的生活污水被排入河流；19 世纪中期，英国奉行自由主义政策，政府对社会公共事务很少干涉，地方政府出于发展经济的考虑，对工矿企业向河流排放污水也往往视而不见，加重了河流污染。

与英国的泰晤士河相比，法国的塞纳河也经历了同样的污染历程。

法国巴黎城市风光。巴黎的用水有一半来自塞纳河。

　　塞纳河位于法国北部，是欧洲有历史意义的大河之一，它全长 780 公里，包括支流在内的流域总面积为 78700 平方公里，排水网络的运输量占法国内河航运量的绝大部分。自中世纪初期以来，塞纳河就是巴黎的母亲河，巴黎这座城市就是在塞纳河一些主要渡口上建立起来，可以说这条河与这座城相互依存、密不可分。塞纳河在巴黎流域的桥梁众多，尤以俄国沙皇尼古拉二世赠送的、以他父亲命名的亚历山大三世桥最为辉煌壮观；法国的许多重要文物建筑都围绕着塞纳河两岸建造，比如卢浮宫、荣军院、先贤祠、奥尔赛博物馆、爱丽舍宫、埃菲尔塔和凯旋门等；很多闻名于世的文学家、艺术家，也都在塞纳河畔长大。

曾经的塞纳河水量充沛、水质清澈，但是随着工业的发展，塞纳河也一度被污染、被损害。塞纳河流域地势平坦，因此水流缓慢，利于航行。整个流域年降水量为 630 ~ 760 毫米，平均流量为 280 立方米 / 秒，夏季水位低，冬季水位高。河流上游建有几座水库用于调节流量，但主要是为下游城市用水蓄水，巴黎 50% 的用水、勒阿弗尔和鲁昂 75% 的用水，都来自塞纳河。但就是这样一条历史悠久、意义重大的著名河流，在法国经济社会发展的过程中，长期承受着人类的污染。

20 世纪 60 年代初，严重污染导致塞纳河生态系统崩溃。根据当时的调查和监测，专业人员提出河流的污染主要来自四个方面：一是上游农业过量使用化肥、农药；二是工业企业向河道大量排污；三是生活污水与垃圾随意排放，尤其是含磷洗涤剂的使用导致河水富营养化问题严重；四是下游的河床淤积，既造成洪水隐患，也影响沿岸景观。塞纳—诺曼底水务局负责人马克·科莱说，生活污水、工业废水和农业药剂成为塞纳河的三大主要污染源。"上世纪 60 年代，塞纳河水污染情况异常严重，其中鱼的种类从 30 多种直线下降至 4 种。80 年代的时候，巴黎一下雨，塞纳河里就漂起不少死鱼。"他回忆说。

2010 年，法国环保组织"罗宾汉"发布研究调查报告称，塞纳河等法国重要河流水质检测的结果是"灾难性的"，70% 的塞纳河鱼都因有毒而无法食用。的确，根据法国国家水资源和水环境办公室针对河流中化学污染物多氯联苯的检测结果，塞纳河水和河鱼体内的多氯联苯含量都严重超标。在巴黎 12 区的塞纳河流域，甚至检测到河鱼体内的多氯联苯超过警戒标准 5 倍多。为此，时任法国环境部部长让－路易·博洛发表声明说，法国政府禁止塞纳河、罗纳河等所产河鱼的食用和买卖。

　　泰晤士河和塞纳河的污染，在历史上均有着深层的社会原因。以英国为例，19世纪前期的英国处于一个崇尚放任自由的时代，政府对城市发展中出现的一系列社会问题缺乏有效的政策调控，议会把主要时间用在处理自由贸易和传统的宪政问题上，对社会问题关注较少，人们在社会事务中偏爱地方管理，反感中央权威。1832年英国议会改革后，工业资产阶级开始走上政治舞台，享有政治领导权，他们普遍反对政府干预社会公共事务，并且认为，政府应该取消人们在政治和经济事务上的限制，经济活动中的自由竞争能够解决这些社会问题。19世纪中期，英国两党政治制度形成，自由党和保守党开始轮流执政。当时，不管是自由党还是保守党对解决河流污染问题都没有太大兴趣。保守党的阶级基础是教会和土地贵族，为了维护自身的统治地位，保守党极力反对社会变革。面对工商业的飞速发展，工业资产阶级在政治和经济社会发展中发挥越来越重要的作用，保守党也不得不开始调整自己的政策，但即便如此，也没有对河流污染问题提出任何指导性意见。自由党的阶级基础是广大的中产阶级，包括工矿企业主、商人，银行家等，对河流污染的治理自然会损害工矿企业主的利益，因此，自由党对河流污染治理也是置若罔闻。

　　地方政府为了当地经济发展，极力保护地方工矿企业的发展，因为发展地方经济和增加税收是摆在他们面前的一项非常紧迫的问题，而工矿企业主往往又是当地政府的纳税大户，因此，普遍存在着对反污染带来的经济后果的担忧。地方政府极力阻挠议会就污水处理而采取的污染措施，部分原因是不想影响地方纳税人。当地的工矿企业主担心防治河流污染的法律条文可能要付出高昂的利益损失，从而有利于其他地方的竞争者，甚至会影响到该行业在国际上的竞争力。因此，议会在实施防治河流污染的措施方面哪怕表现出些许关注，都会引来社会上有关"商业亏损"和"工作丢失"的双重压力。就维多利亚时期的人们来说，尽管有些人到皇家委员会面前抱怨自己因河流污染所受到的伤害，但大家还是普遍接受了现状。废弃物总是要有个地方安置，让河流将它带走总会比留在城镇里威胁人们的健康要好得多。正如工矿企业主指出的那样，要公众在繁荣和纯净的河水之间做出选择时，他们接受了污染，就这样，"顺流而过的政策"统治着那个时代。毕竟，地方经济的发展仍然是考核当地政府业绩的关键指标，经济快速发展的影响力要远远超过对河流污染的治理。

19世纪30年代，英国地方行政机构依然保持着一定程度上的自治特征，中央政府和议会很少过问地方事务，中央也没有设立专门的机构来管理地方事务。一些新兴工业城市依然由治安法官和教区等机构管理。1835年市政改革后，大量的地方政权被中产阶级掌握，他们为了维护既得利益，反对中央政府对地方的干涉，中央政府的权威在地方影响有限，许多法律和条文的执行与否全掌握在地方政府手里。这种偏好非常不利于那些致力于防治河流污染的人。一方面，市政当局本身就是污染大户；另一方面，那些污染严重的工矿企业主常常利用自身的经济特权时刻操纵地方政府的决策。所以，当皇家委员会提出将一片流域交给一个专门的污染管理机构负责时，地方政府的态度是不言而喻的。因此，在河流管理和污水治理等问题上缺乏统一管理，任由地方政府分散管辖。

从英国泰晤士河污染原因的案例分析可以看出，经济发展成为环境污染的最重要原因，并且在深层次上影响着政府治理污染的决策过程。为此，英国出台了一系列措施，来解决相关的问题。

19世纪中后期，英国在治理泰晤士河水污染方面做出了很大的努力，其中，议会立法尤其显著。1844年，英国议会

1952年，英国伦敦，大雾之中，泰晤士河伦敦塔桥附近。

通过了《公共卫生法案》，这是英国历史上第一部关于城市环境卫生的法案。该法案规定在中央政府的统一领导下，地方政府负有集中处理污水和废弃物并向当地居民提供干净卫生的饮用水的职责；建立从中央到地方各级卫生委员会，负责城市供水、排污和清扫街道等公共卫生事务。法案将城市公共环境卫生事务置于国家的统一监管之下，开创了中央政府干预地方解决城市环境治理问题的先河。1855年，议会颁布了《有害物质去除法》，对那些试图将工业废水排进河道的制造商处以罚款的惩罚。1865年和1868年议会先后两次委任皇家委员会，负责调查英国河流污染状况，并寻求防治办法。1875年，议会通过《公共卫生法案》，该法案是在总结以前同类法案的优缺点的基础上结合实际修改完善的。作为一部集大成者的法案，其内容涵盖了城市公共卫生的方方面面，例如清扫街道垃圾、改善城市下水管道系统、规范丧葬市场以及预防流行疾病等。该法案甚至宣称要使英国所有城镇居民都能过上文明的社会生活。三年后议会又通过新的"公共卫生法"，作为原来法案的补充，增加了一些新的内容，例如规定由市政当局收买私人的供水公司，同时也赋予了地方政府更大的权力和职责，济贫、卫生、清理贫民窟、规划公园、供水排水、煤气供应都在它的监督管辖范围以内。法案规定：地方政府负有维修和保养其管辖范围内的下水管道职责，必要时修建更多下水管道；任何地方政府都不允许通过下水管道将其管辖范围内的污水排入河流；不定期组织政府官员到河流两岸视察污染情况并制定相应政策；政府官员要随时检查辖区内的房屋是否安装下水管道；在工作场所要修建足够多的男女厕所等。

1876 年议会通过的《河流污染防治法》一直到 1951 年仍是一部重要的法案。地方政府在向议会提交防治河流污染措施方案时，称其是一部初步的纲领性法案，是立法机构试图解决污染难题的初次尝试。这部法案不仅成为英国历史上第一部防治河流污染的国家立法，同时也是世界历史上第一部关于河流污染治理的法案。该法案规定：禁止任何人将固体废弃物及垃圾扔进河流；禁止把大量未经处理的有毒、有害或能造成污染的工业废水排放到河流中等。

1951 年，新的《河流污染防治法》颁布实施，该法案取代了 1876 年的法律，原先的河流管理委员会从地方政府手中接管了履行环境保护法的职责。相比以前，现在的河流管理委员会拥有更大的权力，河流管理委员会有权给企业排放的废水制定不同的标准，企业新的污水排放要征得河流管理委员会的许可。当然，河流管理委员会在制定废水排放标准时，既要充分考虑河流实际的流量特点以及牵涉其中的诸多相关部门利益，例如农业、渔业和工业等，也要给企业一定的缓冲时间来调整和适应。1974 年议会通过《污染控制法》，该法案是英国治理水污染的一部非常重要的法律，明确了建立排污许可证制度，规定未经许可的任何污染或排放行为都属违法。

除了上述法律以外，1961 年的《公共卫生法》、1963 年的《水资源法》及 1973 年的《水法》等法律法规都对水污染防治做出了明确规定。

在法国，塞纳河的污染治理也经历了非常曲折的历程。为恢复塞纳河—诺曼底流域的水环境，法国不断出台新的法律法规，重视发挥流域水管理局的作用，积极引导公众参与水环境修复，采用经济手段治理污染，这些努力在流域水环境恢复中发挥了重要作用。

在治理恢复水环境方面，法国水法发挥了重要作用。20 世纪 60 年代早期，随着城市和工业的发展，水污染加剧，同时用水需求显著增加，在这样的情况下，急需对各地的大量用水及责任进行协调。1964 年，在这样的背景下，法国第一部水法诞生，这部水法建立了"水管理局"这一新观念，规定每个水管理局都要成立"水议会"或"流域委员会"，由此奠定了法国水管理体制的基础。1992 年，第二部水法颁布，强调下放水管理权力，加强水管理局职能，制定"水管理总体规划"，同时规定流域委员会须起草均衡的流域水管理指导方针。2000 年，欧盟颁布了《欧盟水框架法令》，确定了流域综合水资源管理原则，要求各成员国采用各种措施，到 2015 年实现各种水体"状态良好"目标。从体制上看，《欧盟水框架法令》采用了法国的体制。法国的新水法则在 2008 年颁布，把《欧盟水框架法令》转变为法国法律。法国水管理体制的特点可以概括为三个方面：地方责任重大、公私部门为合作伙伴关系、在流域尺度上进行协作并把各种用水都考虑在内。

如今，塞纳河的水质有了一定改善。50 多年前，塞纳河内只有 4 至 5 种鱼类，现已增至 20 来种，其中包括鳟鱼、鲈鱼、白斑狗鱼和河鳗等，还有红眼鱼、冬穴鱼等较为稀有的鱼种，但是，河中的沉积物污染与上游农业污染问题依然存在，塞纳河的全流域综合治理确实是个任重道远的过程。

作为西方发达国家的代表，英国、法国分别在泰晤士河、塞纳河的"污染—治理"过程带给我们许多可借鉴之处，包括行政手段、法律技术、科技运用，等等，然而更深层次的启示是，欧美国家"先污染、后治理"的发展历程，是否预示着中国也要经历相同的的发展道路？

第二节 "先污染、后治理"的发展道路行不通

在总结西方发达国家发展的教训之后，中国环保工作的早期创建者曾经提出过避免先污染后治理的环保原则。国家环保局首任局长曲格平先生曾回忆道，尽管当时也有人认为，环境污染和生态破坏在现代化建设中是不可避免的，我们不可能超越西方国家，然而，在更多人看来，西方国家因"先污染、后治理"付出了惨痛代价；在人口众多、经济基础薄弱的中国，"先污染、后治理"将更加冒险。因此，经反复论证之后，1978 年 12 月，中共中央批转国务院环境保护领导小组起草的《环境保护工作汇报要点》明确提出："绝不能走先污染、后治理的弯路。"然而，在此后的发展中，中国并未能真正摆脱这一宿命。

改革开放以来，工业作为立国之本和经济发展的重要引擎，其快速增长虽然有力地推动了中国经济平稳快速发展，但是其粗放式的发展也带来了大量的资源消耗和严重的环境污染。2017 年中国工业能耗量达 27.91 亿吨标准煤，单位工业能耗达

0.175，大约是美国（0.134）的1.3倍，日本（0.093）和德国（0.087）的2倍。2017年中国工业废气排放量为1102.86万吨、废水排放量达7110954万吨、工业固体废物产生量达309210万吨，远高于美国、日本和德国等发达国家的排放水平。

据《2018年全球环境绩效指数报告》显示，中国环境绩效指数EPI（Environmental Performance Index）评分为50.74，在全球180个国家和地区中位列第120位，远落后于欧美发达国家和东亚的韩国和日本。据《2017年中国生态环境状况公报》显示，在不断加强环境规制和生态文明建设的背景下，与2016年相比，2017年中国空气质量尽管有所改善，但在中国338个地级及以上城市中，依然有239个城

在中国，"先污染、后治理"的老路不再走得通。摄影／冯冬云

市环境空气质量超标，占比达 70.7%，环境污染给中国带来的经济损失约占 GDP 的 8%。

40 年来，中国工业实现了快速发展，生产能力得到了大幅提高，然而在很大程度上是以牺牲大量不可再生资源能源和自然环境资源为代价，从某种程度上来看仍表现出低质量的发展特征。长久以来，如何实现经济发展与环境保护的协调统一是经济学界研究的焦点问题。中国也一直在避免重走很多国家曾经经历的"先污染、后治理"的老路，但在工业化过程中很多地方仍长期存在通过牺牲环境换取经济发展的情况。虽然近年来环境规制投资力度不断加大，环保立法、执法也日趋严格，但整体治理效果仍有待进一步检验。

面对这样一个经济高速增长但环境日趋恶化的局面，一个重要的问题是，在中国，环境污染和经济增长之间究竟有什么样的关系？经济的持续增长会导致环境污染日益恶化，还是最终有可能带来环境的改善？

有关经济增长和环境污染问题的研究文献最早可追溯到 20 世纪 90 年代初两项独立的实证研究——格罗斯曼（Grossman）与克鲁格（Krueger）的研究，和世界银行 1992 年的《世界发展报告》。1991 年，美国经济学家格罗斯曼和克鲁格针对北美自由贸易区谈判中美国人担心自由贸易恶化墨西哥环境并影响美国本土环境的问题，首次实证研究了环境质量与人均收入之间的关系，指出污染与人均收入间的关系为，"污染在低收入水平上随人均 GDP 增加而上升，在高收入水平上随 GDP 增长而下降。"1992 年世界银行的《世界发展报告》以"发展与环境"为主题，扩大了环境质量与收入关系研究的影响。1993 年，哈佛大学教授潘纳约托（Panayotou）借用 1955 年库兹涅茨（Kuznets）界定的人均收入与收入不均等之间的"倒 U 型"曲线，首次将这种环境质量与人均收入间的关系称为"环境库兹涅茨曲线（EKC）"。

简单来讲，EKC 说明，环境污染和人均收入之间存在"倒 U 型"曲线的关系：在经济发展初期，环境污染会随着人均收入的增长而增加；但是到了一定发展阶段，环境污染会随着人均收入的增长而下降。

由此就有学者认为，既然污染会随着经济的增长先上升后下降，那么"先污染、后治理"就是一条规律，发展中国家也必然要走这条路。

从经济发展的角度来看，人均收入对环境的影响可以分解为三种效应，即规模效应、结构效应和消除效应，这三种效应共同作用会使污染物的排放减少。然而，污染物的减少是不是可以缓解环境的退化呢？ 虽然生态系统是有自净的能力，但生态一旦被破坏后，具有相当程度的不可逆转性，不是减少污染物排放就能恢复的。随着经济的增长，污染物的排放不断增长，但是达到某一经济点后污染物的排放量可能会下降甚至"停止"，但由于历年（或以前）污染物只会积累而不会消失，以及生态系统中通过生物链锁关系的富集和放大，环境损失是不会停止或下降的。

虽然生态系统是有自净的能力（生态容量），但生态容量一旦被突破后，具有相当程度的不可逆转性。如果用"先污染、后治理"的方式来对待环境，在污染物排放量达到一定值后开始治理，即使污染物的排放量减少了甚至是停止了，环境的损失也是在继续扩大的，环境的损失是不可估量甚至是完全不可能复原的。

从这个过程来看，EKC曲线将"排污量"的概念等同于"环境损失"，尊奉这一理论进行发展，将会给环境带来不可挽回的影响。我们必须依据自然环境条件，进行合理的主体功能布局，在一定的经济发展条件下，控制污染物的产生和排放，将污染控制在生态环境的自净能力范围之内，尽力降低环境危机的危害。

从另一方面来看，经历过"污染—治理"过程的欧美发达国家在总结了污染的教训之后，逐步发展起以环境污染治理技术、产业清洁生产技术和环境影响评价为代表的环境管理制度，使得人类进入污染预防与控制的时代，也一定程度上为此后避免"先污染、后治理"提供了可能。对于后发国家而言，欧美发达国家的公害事件也提供了一面镜子，使它们认识到环境保护的意义和必要性。发达国家环境污染治理技术、清洁生产技术和环境管理的进步，也给后发国家提供了缓解"先污染、后治理"压力的条件。在工业发展中，后发国家的确可以吸取发达国家的历史教训，避免走"先污染、后治理"的老路。

大兴安岭在蒙古高原与松辽平原之间，自东北向西南逶迤纵贯千余里，构
成了呼伦贝尔市林业资源的主体。

额尔古纳湿地位于根河、额尔古纳河、得尔布干河和哈乌尔河交汇处，包括诸河两岸的河漫滩、柳灌丛、盐碱草地、水泡子及其支流。湿地里，清澈的河水静静流淌，曲水环抱草甸，岸边矮树灌木丛生，花草摇曳，绿意盎然，山间白桦林连绵成片，非常美丽。

根河源国家湿地公园

在森林及水资源分论坛上发言的部分嘉宾。

第三章 绿色发展在草原上的传承

第一节 草原文化的传统理念就是绿色发展

呼伦贝尔国际绿色发展大会的森林与水资源分论坛，设在了大会行程的第二站：额尔古纳。

额尔古纳位于呼伦贝尔草原的北端，额尔古纳河右岸，是内蒙古自治区海拔最高的市，也是呼伦贝尔的城市名片，被人称为"呼伦贝尔的缩影"。其东北部与黑龙江省漠河县毗连，东部与根河市为邻，东南及南部与牙克石市、陈巴尔虎旗接壤，西部及北部隔额尔古纳河与俄罗斯相望。

在生态方面，额尔古纳最大的特点是森林与水资源丰富。额尔古纳总面积达到 2.895 万平方公里，占呼伦贝尔土地总面积的 11.2%；其中，林地面积有 202 万公顷，活立木蓄积 2.2 亿立方米，森林覆盖率为 73.4%，绿色覆盖率达到 93%；水资源储量 35.8 亿立方米，流域面积超过 100 平方公里的河流有 81 条，拥有高纬度低海拔原生木本类亚洲第一湿地——额尔古纳湿地。在这里，人均淡水资源是全国人均占有量的 21 倍，森林则达到了 178 倍，是名副其实的生态小城。近年来，额尔古纳先后入选"最中国生态城市""中国深呼吸小城 100 佳"，获得"中国特色旅游最佳湿地"等许多美誉。

　　额尔古纳的名字来源于额尔古纳河，这是一条古老的河流，如今是中俄的界河。在古代，不同的区域与不同的时代对这条河有不同的称呼，《旧唐书》中称之为望建河，《蒙古秘史》中称之为额尔古涅河，《元史》中称之为也里古纳河，《明史》中则称之为阿鲁那么连，自清代开始，它被称为额尔古纳河。名字的历史透露出这一区域为历代所关注，事实上，这里是历史上众多游猎民族的发祥地，也是成吉思汗的故乡。

　　所以，草原上的人来到额尔古纳讨论生态问题，讨论的便不仅仅是生态与环保，更是草原上的人民对这片土地的情感与眷恋。在会上，大家提及最多的趣事，是草原的人和农耕区域的人的观念差别：草原上的人对草原的态度是，"我属于这片草原，我要保护她"，而农耕区域的人对土地的态度是，"这片土地是我的，我要改造它"。

　　"我属于草原"的情感，沉淀自历史深处。

　　在自然环境严酷的蒙古高原上，"逐水草而迁徙"的游牧生活是草原先民在世世代代的实践中传承下来的生活方式，这种生活方式与草原先民的价值观、伦理观一脉相承。从生态视角来看草原的传统文化，其中既饱含着历史上积累下来的先民日常生产生活经验，又闪耀着草原民族人民丰富朴素的生态智慧。

　　以蒙古族为例，蒙古族先民不仅将人看作是自然的一部分，而且以敬畏崇尚之心看待自然，祭天、祭地、祭万物生灵，认为自然万物皆有神性。天神、地神、山神、水神、火神、树神以及动物神、祖先神等等诸多神灵，保佑牧民们赖以生存的草原河湖丰盈、雨水充足、草木茂盛、五畜平安，自然万物因此都是被珍视、被崇敬、被保护的对象。人们崇拜自然、尊重生态、爱护环境，以此为自豪和荣耀，从而形成了敬畏自然、敬畏生命的美德，如今看来，这是一种悠久而朴素的生态伦理观。

在蒙古族根深蒂固的传统观念中，保护自然是上天赐予的神圣职责，保护森林草原、保护野生动物就是行善事，破坏森林草原、滥杀滥捕动物就是做恶事。善事保存生命，促进生命，使可发展的生命实现其最高的价值。恶则是毁灭生命，伤害生命，压抑生命的发展。善良进入天堂，残暴带来荒凉——朴素的生态伦理观之下，诞生了蒙古人笃信的生态道德准则，使道德与环境直接产生对应关系，从而构成了草原上特有的伦理观念。

在生态伦理观念和生态道德准则的约束下，蒙古族选择顺应自然的游牧经济实践方式，谨慎地遵守生产劳动的限度，形成了同险恶的自然力相称的身体素质和心理力量，在与自然抗争的过程中积累了丰富的生产生活经验，并形成了简约的生态消费观。杜绝浪费、循环利用的消费理念与生活习俗，体现在日常的衣食住行各个方面，其中最典型的体现就是蒙古包和勒勒车。

蒙古包是蒙古族人民在适应草原游牧、适时迁徙的生活实践中长期沿袭的居住形式，用手工擀制羊毛围毡和用柳条编制的"哈那"搭建而成，其余构件皆为草原特色的毛绳、皮带，制作简单、拆除方便、易于搬运、结实耐用，具有防风、防寒、防火、防雨的功能，凸显省料、省工、省时的特点。蒙古包可根据人口需要通过加减"哈那"来调整空间大小，根据季节冷暖变化通过加减围毡而加厚变薄，其上斜下圆、上窄下宽的形状设计，使得内部有效利用面积达到最大化，最大程度实现了简约实用的使用效果。

勒勒车是蒙古草原上悠久而又独特的交通工具，主要用途为供人乘坐或运载物资。勒勒车由榆木或桦木制成，高

勒勒车是牧民流动的家。在日常生活中，勒勒车主要用于拉水、
运送燃料；倒场迁居时，装载蒙古包和其他生活用具和用品。
摄影／苏德夫

大结实，相对轻便，载重量大，自身重约百余斤而载重能达500公斤，适用于河滩、沼泽、坑坑洼洼的草地、雪地等各种地形，清洁而无污染，便于游牧过程中移动迁徙，成为游牧民族"移动的家"。

有了蒙古包和勒勒车，就有了在草原上移动的基础，游牧从而成为绵延日久的生活方式。

像一切时代的游牧民一样，蒙古族游牧民为了给畜群寻找牧场，每年好几次从一个地方移牧到另一个地方，移牧的距离以牧场的条件和畜群的大小来确定，移牧和驻营也按畜群的种类而有所变化，例如，对羊群合宜的驻营地，对马群就不适宜，因此，畜群越大，移牧的次数就越多。

《蒙古秘史》中记载，有一年在蒙古部落移牧途中，札木合对成吉思汗说："咱每如今挨着山下，放马的得帐房住；挨着涧下，放羊的放羔的喉咙里得吃的。"这段记载说明，移牧的主要目的就是考虑畜群的种类与水草植被关系。牧民在决定移牧的频率和距离时，必须考虑：第一，牧草和水源的关系；第二，牲畜的种类；第三，牲畜的大小等。其中，草场是最根本的条件，有了丰美的草场，畜群才能肥壮。《察哈尔正镶白旗查干乌拉庙庙规》中规定："放羊人在夏季早晨太阳出来时出牧，晚上太阳落山时归牧；冬春季早晨太阳升到半个乌尼杆子高时出牧，下午太阳到陶脑一指高时归牧。放牧人放牧时要注意查看四季的草色，选择最好的水草放牧。遵守这个规定，如果繁育增长牲畜，根据放牧人增殖的程度赏给马、牛。如违犯这个规定不执行，撤销那个人的吃穿，让他自力过活。"在这段记载中可以看出，倒场轮牧作为移动游牧的一种方式，它的分工更细致，按季节倒场轮牧，充分利用草原地带的各个草场的季节性差异，来满足畜群的采食需求。这些游牧的法则，一直被人们所遵循、贯彻着。

草场是蒙古族牧民最重要的生产资料之一，因此，蒙古人特别忌讳在草场上挖坑挖草根，因为这种行为会破坏地表层，造成沙化。据史料记载，在历史上，某些蒙古部落不太遵循习惯法当中禁止破坏草场的规范，曾出现乱掘草根、破坏牧场的事件。札剌亦儿人被契丹人打败时，曾逃到成吉思汗第七世祖篾年土敦之妻那莫伦哈屯的游牧地，掘草根为食，因此在草场上挖开许多坑，破坏了她的养马场。对此，那莫伦哈屯很气愤，质问道："你们为什么乱掘一气，掘坏了我的儿子们的驰马的地方？"这个史料说明，蒙古族祖先很早以前开始就有了保护草场的意识，坚决反对破坏草场、挖掘草根。

严禁破坏草场的法规不仅在习惯法中已有惯例，而且在后来的成文法中都有明文规定。《成吉思汗法典》又称《大札撒》，是世界上第一部具有宪法意义、包含宪政内容的成文法典。这部大草原上的古老法典真实记录了蒙古族传统的习惯法，其中很大一部分是与生态保护有关的内容。例如，《大札撒》中明确规定："禁草生而镬地。"从初春开始到秋末牧草泛青时禁止挖掘草场，若谁违犯了该法条，就要受到严厉的惩罚。

由于蒙古高原干旱缺水，水资源特别的匮乏，因此，水资源同草场一样重要。古代蒙古族牧民把水资源看作自己的生命，如同爱惜生命一样爱惜水。蒙古族有关水资源的禁忌是与游牧民族的生活方式紧密相连的，只有有了充足的水源，才有丰美的草场，畜群才有充足的草饲料得以繁育发展，人们才能得到更多的生活必需品。因此，对水资源的保护也被列入习惯法中，"严禁污染河流、湖泊"成为人们长期遵循的法则。《大札撒》中吸收的习惯法中，有许多条文是有关禁止污染水资源的法条，如"禁止水中溺尿""禁民人徒手汲水，汲水时必须用某种器皿""禁洗濯、洗穿破的衣服"等等，都是保护水资源的法律法规。

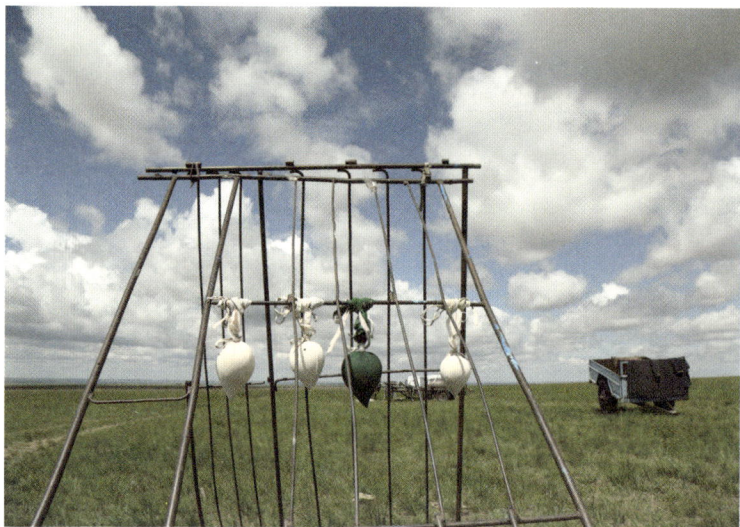

在草原上，奶制品是食品中的上品，被称为"百食之长"，人们在漫长的岁月中保留下许多传统的奶制品制作技术。摄影／苏德夫

在禁止草原荒火方面，不仅蒙古族习惯法中有明确遵循的法则，而且在后来的成文法中制定得更明确、更详细。这不仅仅考虑到牲畜安全和吃草问题，更重要的是出于保护草原，因此，只要在草原上失火，放火者一律受到严厉的处罚，绝不姑息，救助者则受到奖励，而逃避者也会受到处罚。在《大札撒》中，有关禁止草原荒火的法条基本上延续了习惯法的内容，如禁止人们向灰烬上溺尿、禁止跨火、禁止跨灶等。《大札撒》还明确制定了"禁遗火而摞荒"的法条，即禁止施放草原荒火，违者要受到严厉处罚。这是在继承蒙古族古代习惯法中有关禁止跨火、玩火的禁忌之基础上，进一步以成文法的形式禁止草原荒火。

除以上保护草场和水资源的条例外，蒙古族在历史上的法律法规中还有许多关于保护森林资源和野生动物的条例。蒙古族先民就是这样依托天然草原生态系统创造了符合自然规律的游牧生活方式，遵循着自然的法则，制定了人与自然和谐共存的法规，使草原的生态植被保持在平衡发展的状态之中。因此，休会这块土地背后深厚的文化、休会这块土地上人的情感，才能深切理解草原对于人的意义。

在论坛上，南开人学教授、中国元史研究会原会长李治安先生从历史传统与人类历史发展的角度讲到，我们中华民族自古以来就有和自然和谐共处的优良传统。比如汉文文献的《周礼》就有规定，要按照时节来限制捕鱼和狩猎；《庄子》"道法自然"的说法，乃至汉代形成的"天人合一"的说法，对我们现在都有借鉴意义。《齐民要术》中有一些关于农耕休耕的记载，这是汉文献中农耕文化文明中间的一些举措建树。同样，游牧民族的历史传统中也保留了十分丰富的与自然和谐相处的理念，这是农耕文明和游牧文明在不同气候条件下的自然选择。数千年来，蒙古族等游牧民族栖息于低温、少雨多风的艰苦的生态环境中，以车马帐幕为家，四季逐水草放牧，以牛粪为燃料，这样的简陋的方式，生生不息，守护着北疆辽阔而美丽的家园，从农耕发展的层面看，游牧民族是先进的，理当受到充分的尊重与肯定。

论坛嘉宾剑桥大学社会人类学教授、国际蒙古学协会副会长乌·额·宝力格回到自己的故乡，情不自禁用自己的母语——蒙古语为大家介绍自己。他从人类学的"分类"的角度，探讨了不同的人根据各自的经验与情感立场，对草原所抱持的态度、投入的情感的不同。比如，"草原"这个词汇与概念来自日语，表达了早年日本人的一种宏大的浪漫想象与情怀，但在蒙古语中，关于这片土地的概念不再是宏大的、浪漫的，而是被拆分为许多具体可感的场景，分别用蒙古语中不同的词汇来表达；农耕文明中的人对土地的使用方式是开垦，因此在历史上的农耕文明视野下，草原是荒地，应当"被开垦"……这些观念的

额尔古纳湿地地处大兴安岭西北侧，额尔古纳河东岸，总面积为
12.6万公顷，属于额尔古纳河及其支流（根河、得尔布干河、哈乌
尔河）的滩涂地，是中国保持原状态最完好、面积较大的湿地，被
誉为"亚洲第一湿地"。供图／额尔古纳湿地景区

区别，可能是漫长的历史年代中留下来的，转变非常不易，但在某些特殊的历史机遇下，也可能很快得到改变，我们现在正处在一个开放包容、民族团结的历史条件下，如何让草原保持住自己的美丽，让草原上的传统理念得以流传，现在是个好的机会，要认真对待。

关注草原的重要议题之一，就是密切关注草原上的水资源，而湿地是草原上非常珍贵的水资源存在形式，因此，在此次论坛的行程安排中，额尔古纳国家湿地公园成为沿途非常重要的一站。

额尔古纳国家湿地公园由根河及周边沼泽、滩地、林地等组成，总面积 12072 公顷，其中湿地面积 9518.64 公顷，湿地率 78.85%，涵盖了永久性河流湿地、草本沼泽、灌丛沼泽、

额尔古纳湿地是全球鸟类"东亚—澳大利亚"迁徙路线的重要"瓶颈"，每年在这里迁徙停留、繁殖栖息的鸟类达到 2000 万只。摄影／吴灏霖

森林沼泽与沼泽化草甸等多种湿地类型，并且拥有亚洲原生木本湿地中面积最大、保护最完整、物种最丰富的湿地，享有"亚洲最美湿地"的美誉；这里也是东北亚鸟类迁徙、停歇与繁殖的重要通道及栖息地，每年春天，大批迁徙的候鸟将这里营造成一个鸟类博物馆，包括国际濒危鸟类及国家级重点保护鸟类，如白尾海雕、天鹅、鸿雁、苍鹭、丹顶鹤等，鸟类总数量达 230 余种，紫貂、原麝、貂熊等国家一级重点保护兽类也在这里繁衍生息，各种珍禽异兽与这里的群山、草原、森林、湿地相辅相成，共同构建了完整的生态体系。

湿地的珍贵之处在于它对地球与人类的贡献巨大。湿地具有多种生态功能，蕴育着丰富的自然资源，被人们称为"地球之肾"、物种贮存库、气候调节器，在保护生态环境、保持生物多样性以及发展经济社会中，具有不可替代的重要作用。大面积的湿地，通过蒸腾作用能够产生大量水蒸气，不仅可以提高周围地区空气湿度，减少土壤水分丧失，还可诱发降雨，增加地表和地下水资源；湿地之水，除了江河、溪沟的水流外，湖泊、水库、池塘的蓄水，都是生产、生活用水的重要来源；每年汛期洪水到来，众多的湿地以其自身的庞大容积、深厚疏松的底层沉积物蓄存洪水，从而起到分洪削峰、调节水位、缓解堤坝压力的重要作用。

内蒙古是一个水资源极度匮乏的地区，突出体现在水资源分布不均匀，降水量低，各地区降水量不均衡。内蒙古师范大学教授杨·巴雅尔在论坛上为大家揭示了一个容易被忽略的现象，那就是内蒙古地区的水资源的转化率极低，虽然全自治区的平均径流量是 115.7 亿立方米，占全国地表水总量 371 亿立方米的 31.2%，但由于转化率低，可利用的水资源少。其中，位于内蒙古东部的呼伦贝尔地区，降水量较大，地表水资源最为丰富。然而，呼伦贝尔的地下水资源储量却是非常少的，而且它的渗透率、吸收率也是非常有限。为什么会出现这种情况？主要是由于呼伦贝尔的地质层所决定的，呼伦贝尔虽然降水量大于内蒙古的西部地区，但地下更多的是冻土层、岩石层，吸收的水分较少。相反，降水量稀少的内蒙古西部地区，比如阿拉善地区，它的地下水则要高于呼伦贝尔。因此，巴雅尔教授提醒大家注意，在讨论水资源与生态时，要多关注降水—地表水—地下水的转化率，转化率越高，利用价值越大。

第二节　相思树的故事

草原深处的人对于这片土地的感情，一直延续到了当代。如今，"相思树"的故事广为流传。

在兴安盟阿尔山的三角山哨所前，生长着一颗普普通通的樟子松。这是在大兴安岭林区非常常见的一种树，然而，在这里，官兵们却称这棵树为相思树——因为它见证了一份边关军人的生死爱情，和大家植根于生命深处的对土地的尊重与热爱。2014年1月26日，习主席曾从北京专程赶来，顶风冒雪，沿着58级陡峭的台阶登上了"三角山哨所"，亲切看望、慰问这里的戍边官兵，并现场听取了战士们讲述"相思树"的故事。

33年前，老连长李相恩带队巡逻途中突遇山洪，在洪峰扑向他们那一刻，李相恩没有丝毫犹豫，一把将身边的战友推开，自己却被卷进滚滚洪流壮烈牺牲，至今尸骨未回。他的妻子郭凤荣为了寄托对丈夫的哀思，在连队"三角山哨所"上种下了一株樟子松。

李相恩牺牲时年仅29岁，妻子郭凤荣没有再成家，和当时只有两岁的儿子相依为命，即便生活再艰难，她也没有向部队和政府提出任何要求。此后的每一年，她都会来照料这棵

呼伦贝尔市境内有林地面积 1.90 亿亩，占内蒙古自治区林地总面积的
83.7%，主要树种有兴安落叶松、樟子松、白桦、黑桦、山杨、蒙古柞等。

树，思念丈夫时，就到哨所的"相思树"前静静地站一会。直
到 2010 年因病去世，按照郭凤荣的遗愿，家人把她的骨灰撒
进丈夫牺牲的哈拉哈河。

　　如今，30 多年过去了，寒来暑往，那株小小的樟子松依
然迎风傲雪，枝繁叶茂。多年来，"相思树"故事背后的精神
品格，已经深深地融入到了官兵们的血脉。他们以驻守边关为
荣，把连队当成家来建，把守边当成日子过。一天 24 个小时，
有 15 个小时他们都全副武装行进在巡逻路上。由于道路险峻，
有些地方官兵只能骑马巡逻，遇到更难走的路况，只能牵着马
前行。遇到零下 40℃的大雪天气，寒风就像刀割一般，就连
睫毛都能冻出冰渣。

习主席视察该部队时，就曾在离国界线 2.5 公里的地段就近停车，并踩着厚厚的积雪与骑马巡逻经过这里的官兵亲切交谈，查看巡逻装备，了解执勤情况。主席称赞说："你们战风雪、斗严寒，穿行在林海雪原，巡逻在边防线上，我很受感动。大家辛苦了，祖国和人民感谢你们。"

深切的话语，激励着连队和哨所的每一位官兵，也更坚定了大家扎根祖国边陲的决心。

第三节　湿地的价值与生态数据化

从古至今，草原上的人民对于这片土地的眷恋之情衍生出的故事有很多，而在当代，我们又有了对于生态的新的叙述方式：用数字化的方式，准确量化生态系统服务功能的物质量和价值量。在论坛上，"内蒙古呼伦贝尔市森林生态服务系统功能及价值研究"项目的首席科学家、中国林业科学研究院森林生态环境与保护研究所研究员王兵先生正式发布了这一成果。

这份研究报告的背景，是党的十九大报告针对全球气候变化和生态建设的重大问题，把生态文明建设提到了一个新的高度，并提出了一系列恢复和保护生态的指导方针：要加强生态保护与生态建设，实现生态资产的保值、增值；建立能够体现生态文明要求的生态保护政绩考核办法和奖惩机制，要把良好生态环境视为最公平的公共产品，作为最普惠的民生福祉；树立和践行"绿水青山就是金山银山"的理念，坚持节约资源和保护环境的基本国策，为人民创造良好生产生活环境，为全球生态安全做出贡献。在这一背景之下，森林生态多功能利用的森林经济理论应运而生，这就使建立森林生态功能价值化的理论与技术成为解决森林多功能利用理论的重要基础理论和技术支撑。

森林不仅能生产木材，也是陆地生态系统的主体，这就表明森林生态系统的生态服务功能的强大与重要，特别是在应对全球气候变化和生态短缺的今天，森林生态服务价值就显得尤为珍贵。森林生态服务功能主要体现在人类从森林生态系统中获得的生态产品中享受到生态服务功能——固碳释氧、净化大气、涵养水源、保育土壤、防风固沙、调节气候，以及养育众多生物基因和保护生物多样性等等，这些就是森林生态系统提供了绝大部分人类所需求的生态福祉要素。因此，森林木材采伐利用之后，在森林更新的幼龄林向成熟林培育的过程中，如何恢复森林资源生产力，尽快提升森林生态功能，乃至如何经营森林的多种生态功能，是现代森林经理学的重大创新发展方向。

呼伦贝尔市地处我国大兴安岭原始林的重要分布区之中，素有"北国碧玉"和"绿色净土"之称，其森林资源占有量在全国地级市中排名第一位。其木材生产曾为我国国民经济的发展做出了重大贡献。这一次的评估结果充分反映了呼伦贝尔市林业生态建设成就，这不仅有助于呼伦贝尔市开展公益林生态补偿工作，促进呼伦贝尔市生态文明建设责任制和保护发展森林目标责任制的落实，而且有助于推动生态效益科学量化补偿和生态 GDP 核算体系的构建，是该地区经营森林生态功能的一项重要基础研究成果，具有创新性。

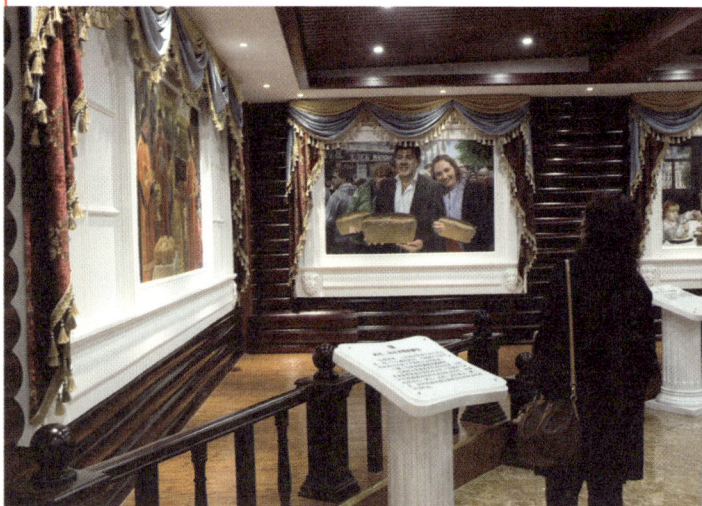

额尔古纳列巴博物馆

与会嘉宾在额尔古纳参观了丽丽娅庄园的列巴博物馆。丽丽娅庄园是一座迷人的红色城堡，它不但是著名品牌"丽丽娅列巴"的生产基地，也是一座内容丰富的 "列巴博物馆"，不仅讲述了列巴来到中国后的发展历程，还可以让人详细了解俄罗斯列巴的由来和历史。

列巴是俄国人传统的主食。19世纪末到20世纪初，随着额尔古纳河畔的一段段异国情缘结成，列巴文化也被从俄罗斯带到了中国。在今天的额尔古纳，很多人从小就吃着俄式列巴长大，对其情有独钟。如今，以列巴为代表的俄族文化成为额尔古纳的一道风景。

丽丽娅的祖母是俄罗斯人，其祖辈是皇家御用面包师；祖父是来自山东的闯关东的汉子。一家人使俄罗斯的列巴文化在中国悄悄扎根。

额尔古纳居住着许多俄罗斯族居民，他们在建筑、饮食等方面保留了许多俄罗斯传统。图为大家在绿色发展论坛期间参观弘扬俄罗斯族文化的列巴博物馆。摄影／立山

附录："呼伦贝尔市森林生态系统服务功能及价值研究"成果

为了客观、动态、科学地研究评估呼伦贝尔市森林生态系统服务功能，准确量化森林生态系统服务功能的物质量和价值量，《内蒙古呼伦贝尔市森林生态系统服务功能及价值研究》一书，经国家权威专家论证，已经由中国林业出版社正式出版发行。这是呼伦贝尔市第一次全面系统评价森林生态系统服务的有益探索，对推进呼伦贝尔市生态 GDP 核算体系的构建发挥了重要的科技支撑作用，是对习近平总书记"绿水青山就是金山银山"理论的实践探索，是对新《森林法》中"提高全社会对森林生态价值认识"的有效落实，是对"十九大"提出"完善天然林保护制度"的积极响应，对于走向生态文明新时代、建设美丽中国，具有重要的现实意义和深远的历史意义。

呼伦贝尔市是全国原生态保存完好的地区之一，素有"北国碧玉"和"绿色净土"之称。全市林地面积 1630 万公顷，森林面积 1300 万公顷，森林蓄积量 11.7 亿立方米，森林覆盖率 51.4%。草原面积 993 万公顷，草原综合植被覆盖度稳定在 70% 以上。湿地面积 299.28 万公顷，占全自治区湿地面积的 49.8%，森林蓄积和湿地面积都是内蒙古自治区最大的。有脊椎动物 489 种，野生植物 1600 多种，其完整的生态环境系统是东北亚生物圈的重要组成部分，是内蒙古自治区、东北乃至国家重要的自然生态屏障。

　　"呼伦贝尔市森林生态系统服务功能及价值研究"项目是 2016 年呼伦贝尔市林业院士专家工作站专家、呼伦贝尔市林业和草原局和呼伦贝尔市林业科学研究所共同承担立项并实施的重点项目,在中国林科院生态首席专家王兵研究员团队的鼎力支持下,历时三年完成。本次研究是以 2006 年和 2014 年森林资源调查数据为基础,汇集 9 个森林生态站、3 个湿地生态站、1 个沙地生态站和辅助观测点的长期监测数据,遵循林业行业标准《森林生态系统服务功能评估规范》,对呼伦贝尔市 13 个旗市区、岭南六局的地方林业及内蒙古大兴安岭重点国有林区管理局森林生态系统的 8 类 22 项功能指标进行了生态价值研究,并首次对呼伦贝尔市森林植被滞纳总悬浮颗粒物(TSP)、PM10 和 PM2.5 的功能进行了研究。结果显示,呼伦贝尔市森林生态系统各项服务功能的总价值量 2006 年为每年 5952.61 亿元,2014 年为每年 6870.46 亿元,相当于 2014 年全市 GDP 总量的 3.91 倍和 4.51 倍。同时,2014 年的总价值量比 2006 年增加了 917.84 亿元,增幅 15.42%。

　　森林生态服务功能重点体现在以下五个方面:即涵养水源、净化大气环境、保育土壤、固碳释氧及生物多样性功能。

　　一是涵养水源功能。森林深厚的落叶层及发达的根系,具有很强的水源涵养能力,是"天然水库"。全市森林生态系统涵养水源量 2014 年为每年 209.98 亿立方米,比 2006 年每年的 196.01 亿立方米增加了 7.13%。涵养水源功能总量最高,均超过 23%。占额尔古纳水系和嫩江水系水资源总量的 65.78% 和 70.60%。

　　二是净化大气环境功能。我们步入森林往往会神清气爽,赏心悦目,犹如置身于"天然氧吧",根源在于森林能够提供丰富的负离子,能够吸收污染物,具有吸尘降尘的独特功能。经过研究核算，呼伦贝尔市森林 2006 年和 2014 年滞纳总悬浮颗粒物（TSP）分别为每年 3027.41 亿千克和每年 3364.11 亿千克，相当于我国北方地面尘排放总量的 4.45 倍和 4.95 倍。

三是保育土壤功能。森林通过截留降水，降低地表径流，能够固持土体，提高土壤肥力。通过对森林保育土壤功能的研究评估，呼伦贝尔市森林生态系统固土量由 2006 年的每年 3.82 亿吨增加到 2014 年的每年 4.24 亿吨，增加了 10.99%。相当于我国东北地区主要河流松花江流域和辽河流域年土壤侵蚀总量的近 12 倍和 13 倍。

四是固碳释氧功能。森林作为最大的储碳库，不仅能够让我们的生活增加更多的绿色，而且促进节能减排。通过植物的光合作用，把大气中的二氧化碳以生物量的形式固定在植被和土壤中，释放出氧气，从而给人们创造更多的新鲜空气。呼伦贝尔市两期森林生态系统固碳量分别为每年 2490.91 万吨和 2727.69 万吨，固碳释氧功能占总价值量的比例在 17% 左右，相当于分别吸收了 2014 年呼伦贝尔市因生产生活排放二氧化碳量的 2.55 倍和 2.79 倍。与工业减排相比，作为森林生态系统的"碳库"，固碳投资少、代价低，更具经济可行性和现实操作性。

五是生物多样性功能。森林为数以万计的植物和动物提供了生存和繁衍的场所，陆地上 80% 以上的生物生存于森林中，全市森林生态系统保存了大批珍贵、稀有及濒危动物和植物物种资源。作为森林生态系统的"基因库"，呼伦贝尔市生物多样性保护功能价值量 2006 年和 2014 年分别为每年 1217.43 亿元和 1358.67 亿元，占总价值量的比例为 20% 左右。

另外，我们还对森林积累营养物质、森林防护、森林游憩功能进行了评估，三项价值量 2006 年和 2014 年分别为每年 361.90 亿元和每年 702.14 亿元，占总价值量的 6.07% 和 10.22%。其中，森林游憩价值量近些年在不断提升。

从呼伦贝尔市各旗市区森林生态系统服务功能价值量来看，各项功能前四名为鄂伦春自治旗、额尔古纳市、牙克石市和根河市，这与各旗市区的森林资源面积分布、土地利用类型、生态建设及土地利用政策及人为干扰有关。

从呼伦贝尔市地方林业看，阿荣旗、扎兰屯市、额尔古纳市 3 个旗市的各项森林生态系统服务功能也均排在前列。

从呼伦贝尔市不同优势树种（组）森林生态系统服务功能价值量看，各项功能最高的 3 个优势树种（组）均为兴安落叶松、桦类和蒙古栎，这与不同优势树种（组）分布面积、龄级结构、分布区域有关。

森林生态价值研究启示人们，生态是统一的自然系统，是相互依存、紧密联系的有机链条，要牢固树立"绿水青山就是金山银山"理念，加大生态保护力度，充分发挥森林在涵养水源、保持水土、净化空气、治理风沙、维护物种多样性等方面的重要作用。森林不仅有价值，而且价值巨大，特别是当前全球气候变化的大背景下，森林的碳汇作用更是不容忽视，已成为应对气候变化的国家战略。要尽快把宝贵的水资源涵养好，破坏的生态恢复好，沙化的土地绿化好，就能够保护好绿水青山，就是守住了金山银山，守住了 260 多万草原儿女的幸福生活。同时，研究成果揭示了森林生态效益的价值量，深化了人民对森林多功能的认识，这必将促进全社会对森林生态服务有偿使用观念的形成，必将促进相应政策和制度体系的形成，必将促进森林生态效益市场交易的形成。

全市森林生态价值能够达到这样的水平，是市委、市政府高度重视的结果，是社会各界共同努力的结果。一直以来，

麦田中一排排绿色的防风林成为额尔古纳的一道风景。

呼伦贝尔市委、市政府坚持把林业改革发展作为基础性、战略性工程，呼伦贝尔市林业和草原局牢固树立"创新、协调、绿色、开放、共享"的发展理念，持之以恒实施好天保、非天保区停伐、天然林商品林管护、三北防护林建设、森林生态效益补偿、退耕还林、退牧还草等国家重点生态工程，还提出了以森林草原为基础、以市区绿化为核心、以道路林网为脉络、以森林产业发展为重点的创森战略布局，努力让生态得到保护，让人民群众在绿水青山中拥有更多获得感、幸福感。

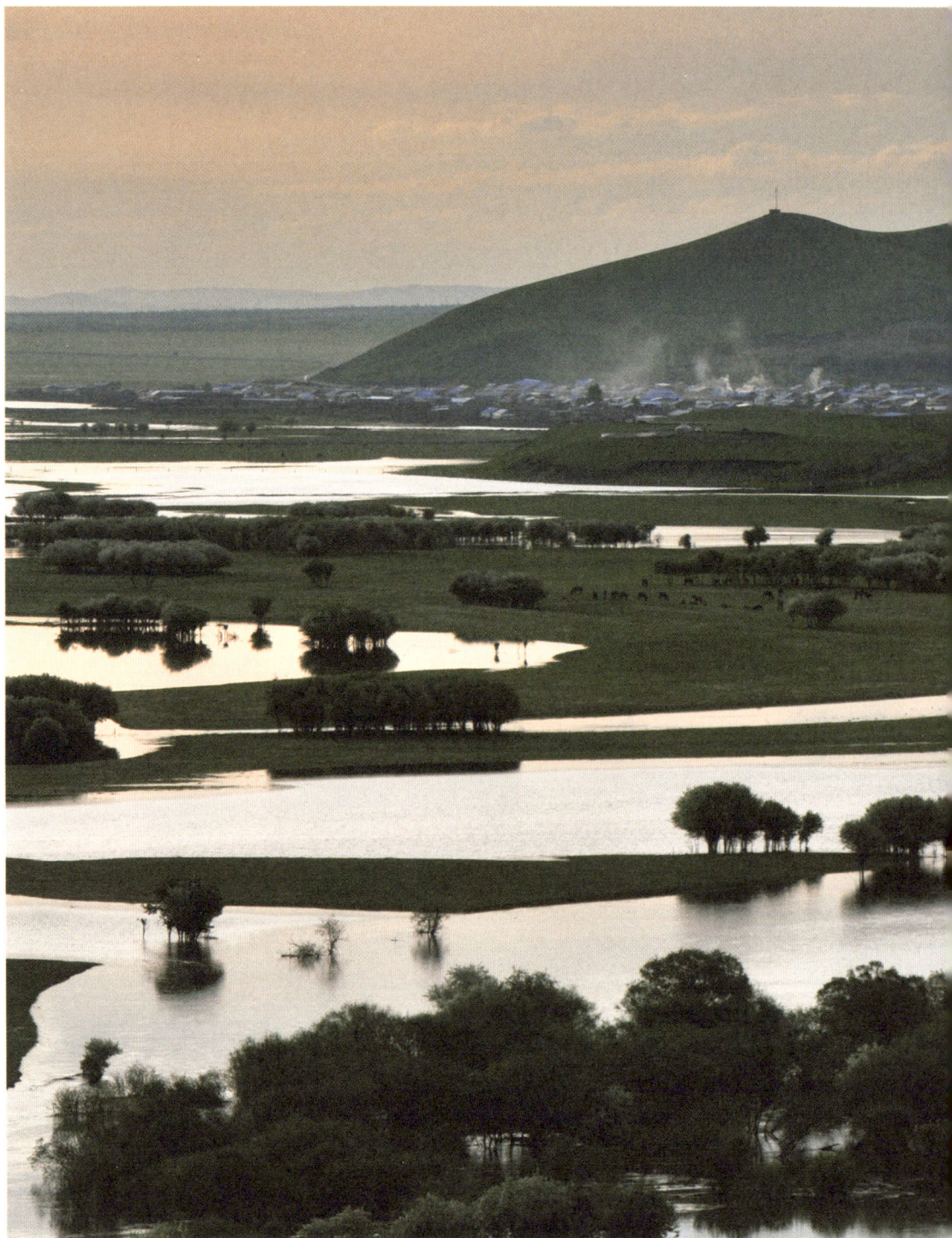

额尔古纳市域内绿色覆盖率达到 93%，有林地面积 202 万公顷，森林覆盖率为 73.4%；有 52 万公顷全区类型最齐全、保存最完好的天然草场；水资源储量 35.8 亿立方米；流域面积超过 100 平方公里的河流有 81 条；有高纬度、低海拔原生木本类"亚洲第一湿地"。摄影／马铁柱

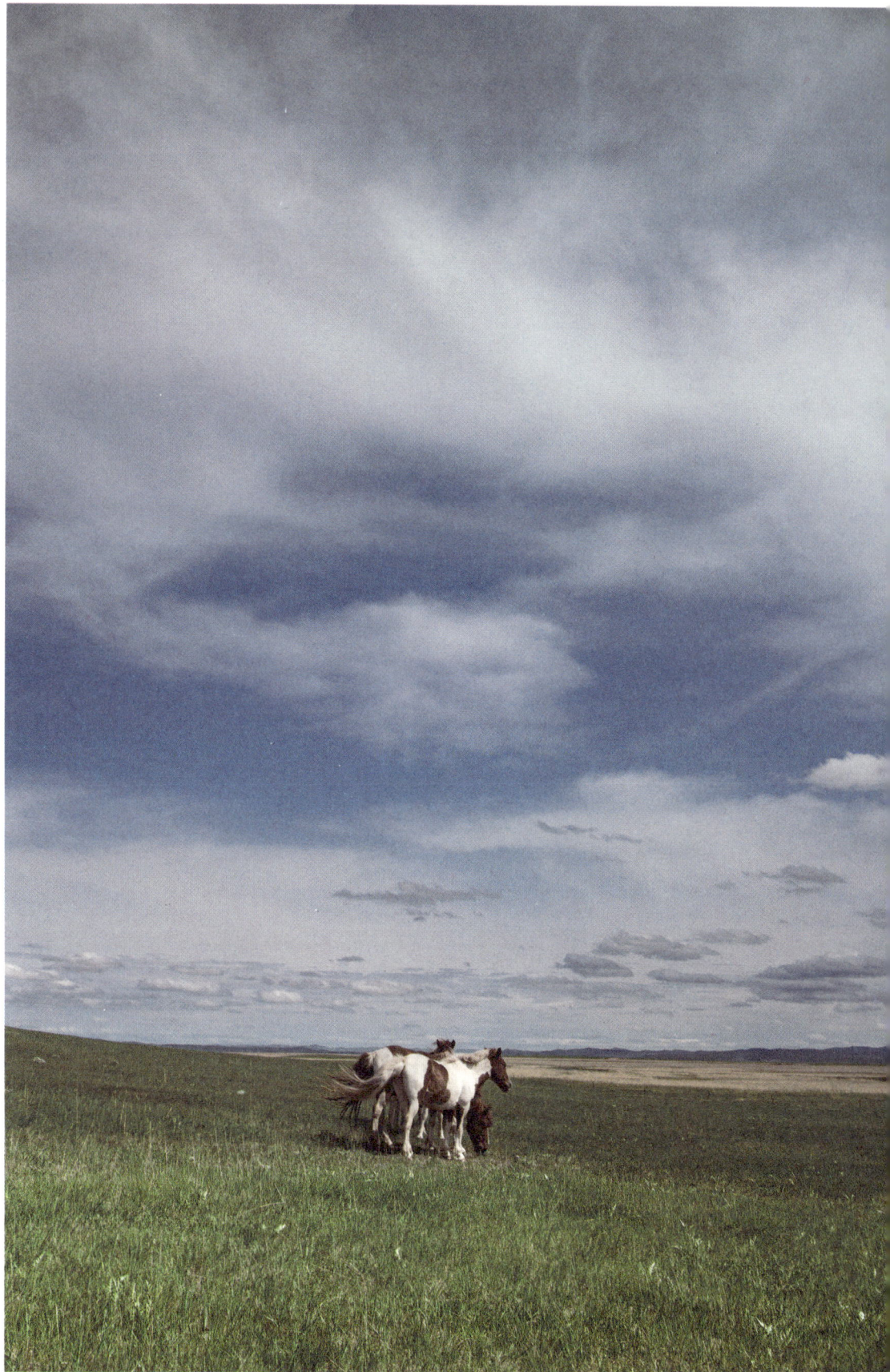

第四章 牧区怎样发展现代化

第一节 牧区发展中存在的问题

论坛的第三站，也是此次的终点站，是中、俄、蒙交界处的新巴尔虎右旗。离开额尔古纳后，一路沿着中俄边界，走在莽莽苍苍的大草原上，天地浑然一体。沿途经过的满洲里，作为口岸城市，洁净得像个海滨小城；呼伦湖就像草原传说一样的存在，当大家站到它的岸边时，湖上的风似吹来了久远的草原记忆。

而来自日本北海道的两位致力于牧场发展的先生，看到中国的牧场，激动不已——与北海道牧场相比，呼伦贝尔牧场的自然条件好到无以复加。

新巴尔虎右旗的景色是独一无二的：在这里，天空低垂，仿佛笼罩在这个小城之上，四面望去，只有天空的景色，仿佛我们走到了大地的尽头。在蒙古族历史上，这里是成吉思汗妻子弘吉剌·孛儿帖所在的著名部落——弘吉剌部。晚间，旗边的"弘吉剌部"蒙古大营中，一场独具特色的蒙古晚宴正让大家意犹未尽时，星空下一场以蒙古大营为背景的表演盛事又拉开了帷幕。

　　很多表演者都是牧民，他们是英姿勃发的少年、威武雄壮的壮汉、明媚质朴的女郎……草原上的歌与舞蹈，就像上天赋与他们的血脉一样，仿佛只有他们表演出来才能淋漓尽致地表达这里的美。几位老先生、老奶奶的出场，让整场表演达到了高潮部分，他们所唱的巴尔虎长调，在夜空下悠扬回荡，将成为很多人回忆草原的最美之梦。

　　草原的美人所共知，而草原上的痛，只有生长在草原的人才能深切感受到。

　　牧区面临的问题来自很多维度。诸如农业开垦侵占草场，工矿企业造成的土地与水污染，都是重大问题；然而对于远离农区、没有工矿企业的绝大部分牧区而言，真正的难题在于，"草场生态"与"人的生活"长期处于对立的两极——对于草场来说，面临的是"草畜平衡"的问题：当人口增加，草地载畜量增加，就会使草场退化，尤其是自 20 世纪 80 年代起，

从生态角度来看，"草场退化"是目前草原上急需解决的难题。

在内蒙古牧区实行的网围栏制度，将草场划分为小片分包给各户，更是使得草场退化严重；而对于牧民而言，则一直面临增收困难的问题。

这种现象并非产生于一朝一夕之间。历史上，塞北游牧、中原农耕，以 400mm 降水量为边际线区分。但随着人口增加，草原被开垦，清朝开始"借地养民""移民实边"，草原被大面积开垦，破坏了生态；自 20 世纪 60 年代至 80 年代，从传统游牧、定居游牧到定居定牧，草原牧区牲畜数量快速增长，草原超载、退化沙化现象从那时已经开始出现。据文献记载，草原草产量在 20 世纪 80 年代初，比 60 年代下降 40%~60%，退化面积由 1/10 增加到 1/3，一些优势物种和优良牧草大量减少；1980~2000 年是草原退化沙化凸显阶段，体制上草场承包到户，但依旧是粗放的畜牧业生产经营方式，牲畜数量发展迅速；2000 年至今，草原全面实施禁牧、休轮牧制度，生态问题渐渐得到重视。

新中国成立之初的合作化、人民公社没有成功，形成"大锅饭"挫伤了人的积极性；改革开放实行家庭联产承包责任制，激发了人的主观能动性和生产积极性，解放了生产力，农村牧区有了翻天覆地的变化。而对于牧区的牧户来说，新时代的一些挑战也渐渐显露出来。近年来，随着市场经济的发展，农村牧区社会的自然和传统属性不断被消解，社会生产和生活中的不确定性提高，并且其发展趋势逐渐从传统的"外部风险"转向"人为风险"。目前，农村牧区的生产经营方式多为"小农牧经济"，许多农牧户仍然坚持一家一户的家庭经营模式，其生产经营较为分散，而这种"小农牧经济"无法抵御市场风险。在以家庭为单位的农牧民生产和销售等经营活动中，受各种经济因素变化及其信息不对称、不及时的影响导致经营者决策失误、对前景预期出现偏差而带来经济损失。例如，存在生产规模增减、价格涨跌以及经营损益等风险，主要表现为因农牧产品市场价格发生巨大变化而引起农牧民收入的不稳定。

习近平总书记十分关注内蒙古的发展，他在参加十三届全国人大一次会议内蒙古代表团审议时，对牧区今后的生态保护、提高牧民生活和实施乡村振兴提出了具体要求，"要把脱贫攻坚同实施乡村振兴战略有机结合起来，推动乡村牧区产业兴旺、生态宜居、乡风文明、治理有效、生活富裕，把广大农牧民的生活家园全面建设好"。为了贯彻落实习近平总书记的讲话精神和要求，布小林主席在 2018 年《内蒙古自治区政府工作报告》中指出，要推进内蒙古农牧业和农村牧区现代化。

作为牧业大省的内蒙古，如何发展现代化牧业成为其重大课题，事关草原生态可持续发展，事关牧民生活水平的提高。实施牧区现代化是个大的系统工程，是复杂矛盾的统一体。

实现牧区现代化，首先要实现牧业现代化。

内蒙古有辽阔的草场资源，牧区畜牧业以饲养牛羊为主，家畜养殖不受地域限制，养殖方式灵活，比农村更加容易实现集约化、规模化养殖，推进牧业现代化建设是实现大农业现代化、提高牧民收入的突破口。

目前，畜牧业养殖仍存在牲畜混放散养、粗放经营现象，部分地区还存在人畜共居现象，规模标准化进程仍需推动。畜牧业分散经营，加大了养殖成本、疫病防治成本、畜种改良成本，养殖效益低下，个体生产能力低、品质较低、国际竞争能力弱，同时不利于新牧区建设。发展建设现代化牧业，可以综合提高牧业综合生产能力；促进牧民收入持续增加；改善牧民生活环境，彻底改变牧民生产、生活方式。因此，加快实现牧业现代化是增加牧民收入、转变畜牧业增长方式、建设社会主义新牧区、牧区全面实现小康的迫切要求。

从国外现代畜牧业现状看，现代草地畜牧业、大规模工厂化畜牧业、适度规模经营畜牧业、集约化经营畜牧业等为主要发展模式。在这些模式下，畜牧业发达国家采取了大力推进规模化、工厂化饲养；对生产者实行补贴；高度重视畜牧业科技创新和科技成果推广；充分发挥生产者组织的作用；强化产品质量和环境保护；关注动物福利，实行健康养殖等产业措施，促进现代畜牧业发展。现代畜牧业是在传统畜牧业基础上发展起来的，它立足于当今世界先进的畜牧兽医科技，是基础设施完善、营销体系健全、管理科学、资源节约、环境友好的高效产业。

现代化过程实际就是用现代工业装备畜牧业，用现代管理方式管理畜牧业，用现代科学文化知识提高牧民素质，从而使畜牧业生产方式、养殖技术、生产手段和生产组织向当今世界先进水平靠拢，逐步发展为劳动生产率、资源利用率、运行质量和效益较高，可持续发展的强势产业。牧业现代化要做到布局区域化、养殖规模化、生产标准化、经营产业化、服务社会化。在"五化"基础上，实现产业规模升级、产业水平升级、产业结构升级、产业技术升级，使畜牧业综合生产能力和市场竞争能力明显增强，畜牧业支撑体系不断完善，资源利用率、劳动生产率和资金回报率明显提高，生态环境明显改善，形成符合内蒙古畜牧业实际的现代化牧业的产业格局。

改革开放以来，牧区沿用农区改革模式，出现了"小、散、低、差、缺、离、隔"等七大问题。牧民家庭经营规模、集体经济规模以及加工企业规模小；牧民组织化水平低、党的基层组织建设薄弱以及加工企业分散；牧民持续增收难、集体经济收入低、加工企业盈利水平低；草场及草原生态恢复能力差；资金、科技、人才、风险防控、基础设施等保障体系短缺；牧区生活方式、生产经营、生态与文化传承等"三生"分离；牧区第一、第二、第三产业等"三产"隔离。

从本质上看，这些问题是牧区现有体制机制的"熵增"的结果。只有深化牧区体制机制改革与创新，客观地创新牧区产业现代化的新模式，才能解决"三牧"存在的诸多问题，推进牧区产业现代化。

为此，在内蒙古草原文化保护发展基金会的支持下，内蒙古农业大学成立了"三生共同体"课题研究小组，以呼伦贝尔的新巴尔虎右旗为试点，探索牧区产业现代化的新模式。

第二节 牧区现代化发展思路

新巴尔虎右旗土地总面积 2.5 万平方公里，草场总面积 3429 万亩，其中，可利用草场面积 3328.56 万亩。已落实草场所有权面积 3245.24 万亩，占可利用草场面积的 97.5%。全旗辖 3 个镇、4 个苏木、51 个行政嘎查(村)，其中，牧业嘎查 42 个，从事畜牧业生产人口 1.7 万人、牧业户 5862 户。共建有固定棚圈 3748 座、移动棚圈 3448 座、青贮窖 44 个、蔬菜种植大棚 273 座、暖棚 14 座，人畜饮水井 3071 眼，风光互补发电设备 2182 台，旗级饲草库 10 座、嘎查级饲草库 39 座，最大饲草贮存能力达到了 5.17 万吨。动力机械保有量 4238 台，拥有固定资产总额 550 余万元的农牧业服务车队 1 支，拥有标准化种羊场 11 个。2008 年，"巴尔虎羊"三大国际体系认证、有机羊养殖、加工基地通过国家认证认可监督管理委员会审核验收。2011 年，"西旗羊肉"被国家质检总局批准为地理标志保护产品，成为呼伦贝尔草原优质肉羊的代表性产地。截至 2018 年 9 月，共有大小牲畜头数 213 万头只。2017 年，城镇常住居民人均可支配收入 22225 元；牧区常住居民人均可支配收入 16648 元。

经过调研发现，新巴尔虎右旗草畜品种区域特色、环境和区位优势明显，广大干部群众思变愿望强烈，各级党委、政府高度重视牧区产业现代化试点工作，为推进试点工作提供了组

新巴尔虎右旗的芒赉畜牧专业合作社，是"三生共同体"理论的实践基地之一，体现了牧区现代化发展思路的新方向。摄影／王研硕

织保障、思想准备和一定的物质基础。另一方面，牧民经营规模小、抵御风险能力弱，集体经济、牧民合作社及龙头企业带动牧民致富能力不强，"三生"分离、"三产"隔离依然是制约牧区产业现代化的掣肘因素。

其中，牧户存在的主要问题，包括：家庭联产承包责任制实施后，衍生的利己惯性思维严重，由"我"变成"我们"的难度大，使草场碎片化，不利于五畜兴旺，加之连年干旱和经济利益驱动，导致畜种结构单一化，草场退化严重，饲草料季节性供需矛盾更加突出；联户经营虽然在草场合理利用及弥补劳动力短缺等方面取得了一定效果，但仍存在规模小、抵御自然、市场和疫病风险的能力弱，牧业机械及配套装备利用率低下等问题。现有联户经营草场户均 3 万~5 万亩，不利于轮牧、休养生息和草场修复。同时，草牧场纠纷时有发生；各级领导干部对组建"三生"共同体能够起到积极的引导作用。目前，80%~90% 的牧户愿意参加原野牧歌式"三生"共同体，尚有10%~20% 的养殖大户持观望态度，需要进行耐心细致的动员组织；西旗羊个体生产性能低，高端畜产品尚属空白；牧户普遍缺乏扩大再生产资金，其中大部分牧户举债经营；日益加重的老龄化、陪读等导致雇人放牧现象普遍，造成牧民生产生活成本高，已经成为相当程度的社会问题；人才短缺，先进科研成果应用率低；牧民依赖心理严重，加之不善理财，导致非理性消费。

对于集体经济而言，虽有一定的资产，但没有集体经营活动；基层组织建设有待增强，带动牧民致富能力不强。此前的牧民合作社大都"合而不作"，发挥作用的程度低，已有的牧民合作社只停留在联户经营阶段，尚未发展成为真正意义上的合作社。该旗龙头企业共有 9 家，均为肉类加工企业，经营规模小，竞争激烈，基本属于人工屠宰，没有现代化的生产线，生产水平低；一般利润率低于 5%，没有很好起到带动牧民增收的作用。

创新牧区体制机制就是要克服"三生"分离和"三产"隔离，将构建牧区"三生共同体"作为实现牧区产业现代化的新模式。

一、"三生"共同体理论

"三生"即生活方式、生产经营、生态与文化传承的简称。生活方式是满足人类自身物质生活、精神生活、道德修养以及闲暇安排所需要的全部活动形式和行为特征的总和，是"三生"的起点和终点，是判断美好生活水准的唯一尺度，它最能集中反映人类社会经济发展的阶段性及其发展水平；生产经营是指在技术和资源制约下，生产要素投入、产品（服务）生产、流通、交换和分配关系的总和，是满足人们物质生活和闲暇安排的手段，它既受到人类技术水平和治理水平的制约，又是衡量人类技术水平和治理水平到达点的标志；生态与文化传承是指恢复生态与传承优秀义化基因的所有措施的总和，是满足人们精神生活以及道德修养的手段。生态与文化传承过程是发挥规范生产经营作用，体现人们的道德修养和闲暇安排，决定着人们美好生活的水平。

"共同体"是指基于地域、信仰、理念、价值观、利益诉求等一个或多个共同或相似特征而组成的各种类型、层次的区域、国家、跨国家乃至所有国家的共同命运团体或组织，通过分工与协作，求大同存小异，协同有效治理，促进所有的体制内成员实现命运共系、共赢共享、共同发展。

"三生"共同体是由"三生"即生活方式、生产经营、生态与文化传承构成且深度融合的共同命运团体或组织。它以习近平构建人类命运共同体理论为指导，屹立并始动于维护生态与传承优秀文化基因之高端，按照"由外向内""由表及里""由大到小"的逻辑范式，以体现中华民族源远流长的"天人合一""知行合一"的传统优秀文明，去规范或矫正生产经营或非生产经营活动，并升级人类生活方式，谋求不断地满足人类美好生活需要。

一般而言，"三生"共同体解决如下四个方面问题：

第一，完善经济制度。

为应对和克服人类面临的"三生分离"问题，需要建立"三生"共同体经济制度，它是生活方式、生产经营、生态与文化传承构成且深度融合的共同命运体或组织，是"三生"经济理论的具体表现。

"三生"共同体经济制度遵循"由大到小""由表及里"

的理念，即从维护生态与传承优秀文化出发，去规范或矫正生产经营或非生产经营活动，从而促进人类生活方式按照不断地满足人类美好生活需要的目标递进。为此，从不同侧面反映经济制度下的同一"三生"状况的物质流、资金流、价值流以及能量流等四个变量必须相互匹配。

物质流是指通过分工与协作提高生产效率，深度融合一二三产业，生产、加工、销售更高质量标准的功能性产品，并发挥第一产业康养、旅游、体验与文化等多功能性服务，促进生产经营乃至经济发展方式的转变，是促进人们持续增加收入的物质基础。

资金流是指产业发展所需资金有稳定的来源渠道及其使用安全性能够得到保障。企业利用质押贷款与财政资金，根据规模化、标准化等技术规范要求，生产更高标准的功能性产品或功能性服务，按照品牌化营销的要求，销售产品或提供服务，从而获得收入，并用其偿还质押贷款，形成一个完整的资金闭合链。

价值流方面，减量化、再利用以及资源化作用于生产、流通和消费等过程，不仅可以实现主产品节本提质增效，更能够培育副产品深加工的新增长点，使得闭合的资金链通过产品（服务）价值保持不断地循环增值，从而保障城乡居民不断增收。

能量流方面，根据能量流单向流动和逐级递减的特点，搭建"能量金字塔"，采取建立人工生态系统或自然修复等方法，恢复草牧场与生态，保证在各级消费者之间流动的能量流守恒。这正是"三生"共同体遵循能量流动规律，"从维护生态与传承优秀文化出发"的真正含义。

第二，改善分配制度。

首先，"权利"分配格局将迎来改变。"效率优先、兼顾公平"是社会和谐的重要条件。按照人人作为股东的股权和全生产要素效率及"生产要素贡献"大小进行初次分配，有利于实现有限资源的合理配置，从而提高整个经济运行的效率，创造更多的财富；政府按照兼顾公平原则，通过税收、财政转移支付等政策手段限制社会成员之间收入差距过分悬殊，使低收入阶层成为收入再分配的主要获益者，从而保持社会的和谐与稳定。

其次，空间分配格局将产生变化。城乡之间的产业发展水平、收入与消费水平以及基础设施建设水平等方面的差距，是我国城乡二元结构的直接表现，是实现社会稳定以及共同富裕的关键制约因素。解决城乡二元结构矛盾的突破口是扎实推进乡村振兴战略，实现乡村振兴战略的总目标即农业现代化。为此，需要重塑城乡关系，更好激发农村内部发展活力、优化农村外部发展环境，推动人才、土地、资本等要素双向流动，为乡村振兴注入新动能，从而实现城乡融合、共同发展、共享成果以及共同富裕。

第三，创新经济运行机制。

首先，政府作用与市场作用有机融合。经济运行机制中政府调控的范围和力度即政府与市场有机结合的"度"直接影响"三生"共同体的构建和运行、社会和谐以及城乡并进。宏观经济与微观经济分离、政府与市场分离，不利于实现共同富裕。其中，政府与市场两手适度包括两个方面：一是政府通过长臂发挥调控作用。相对落后区域公共产品或服务供给相对不足，这些产品或服务对于落后地区成长起到决定性作用，而私营部门不愿意提供，因此，要求政府必须发挥长臂作用，才能解决发展相对不充分、不均衡问题。这与发达区域市场经济发育成熟有本质区别，那里政府主要通过短臂发挥调控作用。二是决不动摇市场决定性作用。政府负责公共产品或服务的供给，私人产品或服务由市场供给，市场必

　　"三生"共同体是由"三生"即生活方式、生产经营、生态与文化传承构成且深度融合的共同命运团体或组织。它以习近平构建人类命运共同体理论为指导，谋求不断地满足人类美好生活需要。摄影／冯冬云

然要发挥资源优化配置的决定性作用，以达到提高生产效率，实现高质量循环可持续发展。

其次，鼓励公平竞争，打造有利于良性竞争的制度、政策、经济、技术和市场环境，鼓励生产者或经营者遵守产业规则，通过差异化生产、品牌化营销等手段扩大市场份额，实现优质优价，进而获取乃至扩大销售利润。避免竞争者之间通过价格战等恶性竞争手段提高市场份额或获取利润。

再次，促进国际贸易。"三生"共同体通过维护生态及文化秩序保障恢复生态与传承优秀文化，通过维护经济秩序实现生产经营或非生产经营活动规范化，通过维护社会秩序促进人类生活方式升级和人的全面发展。"三生"共同体是人类命运共同体理论的表达形式之一，"三生"共同体这个理念也同样具有普适性。它通过国际贸易（产品与服务）和交流合作，成为开启世界各国及国际社会和平友好交流和共性问题解决的钥匙。

第四，求解国民经济投入产出函数模型。

利用规范与实证分析相结合的方法，将经济制度、分配制度、运行机制以及国际贸易等指标化，作为影响国民经济产出（因变量）的自变量（投入），建立国民经济投入与产出之间关系的函数方程，并求出的一组最优解。力图求解经济制度、分配制度、运行机制以及国际贸易等对国民经济产出影响的方向和影响程度。

二、构建牧区"三生"共同体是牧区产业现代化的实现路径

2017 年 10 月 18 日，习近平总书记在十九大报告中指出："实施乡村振兴战略要坚持农业农村优先发展，建立健全城乡融合发展体制机制和政策体系，加快推进农业农村现代化。"2018 年 7 月 5 日，习近平总书记强调："实施乡村振兴战略是党的十九大作出的重大决策部署，是新时代做好'三农'

工作的总抓手。要坚持乡村全面振兴，实现乡村产业振兴、人才振兴、文化振兴、生态振兴、组织振兴，推动农业全面升级、农村全面进步、农民全面发展。乡村振兴的总目标是实现农业现代化。"2018 年 1 月 24 日，内蒙古自治区布小林主席根据习近平总书记指示，提出牧区现代化，强调牧区要先走一步，牧区牧民要与全国人民共同走进新时代。内蒙古草原文化保护发展基金根据布小林主席的指示，聘请 30 多位高校教授组成 7 个调研组，分赴 33 个牧业旗县，广泛开展了内蒙古自治区牧区经济发展现实情况调研，并以"三生"共同体理论为指导，形成了"牧区产业现代化的实现路径"研究成果，该实现路径于 2018 年 9 月首届阿尔山论坛上取得共识。

该实现路径的关键点是，以规模经营为理念，以市场决定性作用和政府宏观调控作用的有机结合为突破口，以科技创新和人才引领为驱动，以风险防控体系建立为保障，以搭建牧业新型经营组织、畜产品加工仓储物流公司和保障体系三个平台为载体，形成资金良性循环闭合增值链，以提质节本增效、利益再分配为手段，促进三产融合循环高质量发展。多措并举，实现牧民持续增收、壮大集体经济以及党的基层组织建设、恢复草牧场及生态三个目标。

牧区"三生"共同体就是指由牧业新型经营组织、畜产品加工仓储物流公司、保障体系结合形成的"三生"共赢的生命共同体。它以习近平总书记共建人类命运共同体和"三生"共同体两个理论为指导，追求人草畜平衡、三产融合、眼前利益与长远利益兼顾、循环高质量可持续发展。它具有经济性、生态性和社会性三个功能，承担升级生活方式、提高生产经营质量和恢复生态与传承优秀文化基因三个职责，以实现牧民持续增收、壮大集体经济以及党的基层组织建设、恢复草牧场及生态三个目标为己任，同时也是乡村振兴和精准扶贫重要的支撑，是习近平总书记共建人类命运共同体理论在牧区的实践探索。

　　构建牧区"三生"共同体的原因有很多。人民公社时期，牧区"三不两利"政策促进了牧区生产力发展。改革开放以来，草牧场"双权一制"进一步解放了牧区生产力。当前，尽管牧区经济社会有了较快发展，但是，由于"三生分离"，不仅导致牧区组织化程度低、资金短缺、保障体系不健全以及缺乏人才施展本领的舞台和成果转化的平台，而且也始终没有找到解决牧区存在的小生产与大市场之间的利益隔阂，生态保护与现有生产方式之间的本质冲突，牧区发展不充分、不平衡与牧民不断增长的对美好生活需求之间的根本矛盾的有效路径。它表明牧区改革已经步入了深水区，必须通过牧区体制机制创新，解决牧区产业现代化诸多掣肘瓶颈，推进牧区产业现代化才是历史之必然抉择。同时，在习近平新时代中国特色社会主义思想指引下，实施"乡村振兴"战略更为牧区体制机制创新提供了机遇和抓手。

　　显然，创新牧区体制机制就是要克服"三生分离"，构建以"三生"共同体理论为指导的牧区"三生"共同体。为此，必须搭建牧业新型经营组织、畜产品加工仓储物流公司、保障体系三个平台，形成闭合资金链和产品增值链，做到三产深度融合，推动规模经营和高质量发展，取消中间环节、提高经营质量和搞好加工流通利润再分配，降本提质增效。其核心是政府与市场这"两只手"有机结合，才能让绿水青山变成金山银山，实现牧民持续增收、壮大集体经济以及党的基层组织建设、恢复草牧场及生态三个目标，也才能实现共同富裕、牧区生态安全和社会稳定，实现牧区长治久安。

　　组建牧区"三生"共同体的总原则是，通过生产功能性畜产品及其精深加工副产品，拓展增收途径和追求优质优价，建立兼顾各方利益的再分配机制，发挥典型示范作用。要做到如下 6 点：

自愿自由：牧民、社会资本自愿加入"三生"共同体，自由退出。"三生"互惠：互惠即互利，"三生"共同体既要升级牧民生活方式，也要促进生产经营高质量发展，更要保证生态与文化传承得以恢复和弘扬。产权明晰：用现代企业制度构建"三生"共同体。循环融合：循环是指依据减量化、资源化和再利用的原则，发展循环经济，延长产业链，实现复次增值；融合专指养殖、加工仓储物流和康养旅游业的深度融合。"牧民"保底："三生"共同体生产的功能性畜产品及其精深加工副产品所获得的增值部分，流通领域的利润返还部分，依据契约由牧业新型经营组织、畜产品加工仓储物流公司、保障体系的股东所共享。其中，"三生"共同体生产区包括广大牧民在内的成员负盈不负亏。典范引领：选择不同类型草原区域，小步快走，通过"三生"共同体试点，不断地总结经验，创新典型模式，示范引领其他试点区域"三生"共同体的构建和运营。

构建"三生"共同体的目标为：通过政府引导，搭建牧业新型经营组织、畜产品加工仓储物流公司、保障体系三个平台，形成资金良性循环闭合增值链，充分发挥市场决定性作用和政府作用，促进三产融合循环高质量发展。借以实现牧民持续增收、壮大集体经济以及党的基层组织建设、恢复草牧场及生态三个目标。

实现牧民持续增收、壮大集体经济以及党的基层组织建设、恢复草牧场及生态三个目标，关键是必须按照打造牧业新型经营组织、畜产品加工仓储物流公司、保障体系三个平台，形成完整的资金闭合链和产品增值链。

牧业新型经营组织的构建方式为：第一，必须构建以党支部主导，嘎查委员会或乡土人才引领的牧业新型经营组织。

在发展生产的同时，维护生态平衡、保持文化传承，是牧区现代化
的发展方向。摄影／苏德夫

其中生态与文化传承是其功能的重要组成部分，应该以生态
建设优先，提高畜产品质量为核心，文化传承为保障。采取
"利益均沾、风险共担"、要素入股、合作共赢的方式组建
牧业新型经营组织。第二，必须通过股权解决利益机制问题。
按照草场变资产、资金变股金、牧民变股东的"三变"原则，
党支部或嘎查委员会组织牧民或牧民代表大会，通过民主议
事和协商方式，将草场经营权、种畜及商品畜折价变为资产
入股牧业新型经营组织，使牧民成为股东，牧业新型经营组
织再将草场经营权总股本金入股到畜产品加工仓储物流公
司，成为其股东，具有负盈不负亏的权利。第三，必须根据《中
华人民共和国农民专业合作社法》，拟定保障牧业新型经营

组织顺利进行的章程。第四，凡是财政资金或集体资产必须由嘎查集体经济以股权形式入股牧业新型经营组织，使嘎查集体经济成为享有股份权利的股东，借以不断壮大集体经济及党的基层组织建设，但短期不分红。

牧业新型经营组织的作用为：第一，严格实行生产技术规范，实现规模化、标准化和品牌化生产，以生产出功能性畜产品；第二，有利于实现牧民员工化、生产生活资料团购化，以优化生活方式；第三，分配红利、工资，成为成员增收平台；第四，壮大集体经济，为成员提供"三险一金"，以实现社会保障均等化；第五，用现代游牧方式来恢复草场和生态；第六，内设草业银行，承担结算中心和草场流转中心作用，与供销社、超市对接，为生产生活资料团购提供信用担保服务。

畜产品加工仓储物流公司平台的构建方式为：政府资金引导社会资本与当地屠宰加工企业共同建立畜产品加工仓储物流公司，负责加工、仓储、线下实体和线上电商相结合销售牧业新型经营组织生产的功能性畜产品和副产品精深加工产品，利用区块链技术开发可视化追溯体系。其作用为：第一，加工仓储物流公司负责收储牧业新型经营组织生产的功能性畜产品。第二，以仓单质押的办法取得低息贷款。第三，负责以契约价格返还牧业新型经营组织本利。第四，加工仓储物流公司负责加工功能性半成品，逐步形成中华第九大菜系即蒙餐。负责精深加工以副产品为原料的高附加值循环经济产品，带动循环经济发展。第五，以全国省会城市或物流节点为依托，负责建立大区域销售网络，采取直销、拍卖或期货等多种形式相结合的营销策略，以冷链物流配送为重点，统一市场销售价格，促进功能性半成品销售。同时，负责销售高附加值循环经济产品。

　　保障体系平台的构建方式为：按照分工协作、职责明晰和诚实信用的原则，将财政机构、金融机构、保险公司、地方农业推广服务机构、供销社和"三生"共同体研究院有机联结起来，共同构建互联互通的"三生"共同体保障体系。其作用为：第一，财政、金融机构提供牧业新型经营组织、畜产品加工仓储物流公司所需要的资金。包括贷款贴息、草畜产品仓储补贴、基本建设费、地方性草畜及种质资源保护与改良费用、人才培养和成果转化费、自然及疫病保险费补贴和落实生态补奖。第二，保险公司为牧业新型经营组织、畜产品加工仓储物流公司提供所需要的保险产品和服务。第三，地方农业推广服务机构贯彻国家和内蒙古自治区有关品种、养殖、节水、牧业机械等实用技术的政策和措施，为牧业新型经营组织提供一般技术服务。第四，供销社为"三生"共同体生产生活资料团购组织货源。第五，"三生"共同体研究院提供牧业新型经营组织、畜产品加工仓储物流公司所需要紧缺人才、专利、标准等的支撑。

　　牧业新型经营组织、加工仓储物流公司以及保障体系三个平台之间的关系可以表示如下。

　　其一、资金闭合链。

　　加工仓储物流公司利用收储的牧业新型经营组织生产的功能性畜产品仓单和入股的草场经营权进行质押，从金融机构取得低息贷款。低息贷款先以合适价格结算收储的牧业新型经营组织的仓单本利，剩余部分用于主副产品精深加工及打造品牌，采取直销、拍卖或期货等方式拓展市场取得销售收入，分年度返还金融机构贷款本息和支付牧业新型经营组织红利。牧业新型经营组织从利用仓单本利和红利中扣除物质费用和扩大再生产基金后剩余部分，按股、劳、保障的基准支付集体经济红利、成员红利、员工工资及三险一金，从而形成一个完整的资金闭合链。

其二、产品增值链。

第一，实现品牌增值：成立牧业新型经营组织后能够生产出功能性畜产品；第二，规模经营增值：分工协作为基轴的规模经营提高了的生产效率部分；第三，统一销售功能性畜产品增值：加工仓储物流公司覆盖范围内统一销售主副产品带来的增值；第四，半成品化、多样化增值：精深加工蒙餐系列半成品和副产品精深加工多样化的增值；第五，生产生活资料团购订单化降低成本所带来的增值；第六，草场恢复提高个体生产性能实现增值；第七，文旅增值。

总之，在资金闭合链和产品增值链的良性循环共同作用下，三产融合循环发展、成员持续增收、集体经济不断壮大及党的基层组织作用不断增强，生态与文化传承可以得到有效保障。

其三、预期经济效益。

加入牧业新型经营组织后，牧民作为股东可以获得降低成本、提高价格、利润返还以及三险一金四个方面的利好，从而增加收入。

在降低成本方面，可以实现：节约人工成本；提高设备利用率，从而降低成本，共同利用牧业机械及配套设施；降低购买饲草料费用；政府贴息。

在提高销售价格方面，统一销售功能性畜产品，从而实现优质优价而增值。

在利润返还方面，初级加工增值而获得超额利润的一部分返还给牧业新型经营组织；蒙餐系列半成品融合了蒙餐配方、烹饪方法以及优良传统文化而增值获得超额利润的一部分返还给牧业新型经营组织；副产品深加工，骨、血、毛、皮、脂肪、排泄物等副产品深加工成药品、保健品、化妆品、肥料、饲料等所增值带来超额利润的一部分返还给牧业新型经营组织；品

新型牧民合作社的形式，力争使牧区在传统与现代之间找到一个平
衡点。

牌增值，通过广告宣传等方式打造"三品一标一功能"品牌而获得的品牌效应的一部分返还给牧业新型经营组织。

工资和三险一金方面，成员员工化后，牧业新型经营组织为每一位成员提供养老保险、失业保险、医疗保险和住房公积金。

其四、理论创新。

农牧业现代化是几代党和国家领导人及广大人民群众历经理论与实践的多次互证和升华，已经凝练为充分表达习近平新时代中国特色社会主义思想之一的乡村振兴战略规划的总目标。产业振兴进而实现农牧业产业现代化，是实现乡村全面振兴继而实现农牧业现代化的关键。创造牧区"三生"共同体，深刻变革"三生"及其相互关系，才能走出一条新型牧区产业现代化道路，实现牧区共同富裕和长治久安。

第一，"三生"共同体理论的实践探索。

在游牧文明与农耕文明融合的中华文明源远流长的当代中国，推进工业化、城镇化和现代化进程中的理论创新，既要创立博采西方经济理论与实践经验之众长，又要彰显有别于西方世界的中国固有的"以和为贵"理念为内核的"和合"经济理论，又要寻找出其实现形式。在牧区，"三生"共同体理论必须是以弘扬游牧文明的优秀生态基因即人与自然和谐共生为基轴，外化为追求人草畜平衡、三产融合、眼前利益与长远利益兼顾、循环高质量可持续发展为特征的共享经济。

牧区存在且始终没有找到解决对策的诸多问题相互交织掣肘，需要以"三生"共同体理论为指导，通过牧区体制机制创新即构建牧区"三生"共同体加以系统地破解。

"三生"共同体理论在牧区的实现形式就是要创造牧业新型经营组织、畜产品加工仓储物流公司以及保障体系三个平台构成的"三生"共同体。

第二，牧区"三生"共同体需要政府与市场融合推动。

习近平新时代中国特色社会主义思想的本源就是在中国共产党的领导下，坚持和完善我国社会主义基本经济制度和分配制度以巩固和发展公有制经济，毫不动摇鼓励、支持、引导非公有制经济发展，改革经济运行机制来发挥市场在资源配置中起决定性作用和政府作用，创造比资本主义生产更高的效率，不断壮大我国经济实力和综合国力，最大限度地满足人民群众对美好生活日益增长的需要。严格地讲，奥地利学派和新古典宏观经济学之外，西方经济学诸流派都不反对实行公私混合经济制度，因而赞成政府调控与市场机制驱动有机结合，以保障经济稳态发展和资源要素利用、配置的优化。

牧区"三生"共同体需要政府与市场融合推动，包括两个方面：一是政府通过长臂发挥调控作用。理论创新需要"土壤"，不同的"土壤"发生变化时，理论创新就需要改变。相对落后的牧区"土壤"是公共部门及公共产品或服务的供给相对不足，这些产品或服务对于落后地区成长起到决定性作用，而私营部门不愿意提供。因此，要求政府必须要发挥长臂作用，才能解决牧区发展相对不充分、不均衡问题。这与发达区域市场经济发育成熟的"土壤"有本质区别，那里政府主要通过短臂发挥调控作用。二是决不动摇市场决定性作用。政府负责公共部门及公共产品或服务的供给。私营部门及产品或服务由市场供给，市场必然要发挥资源优化配置的决定性作用。即使在相对落后、发展不充分、不平衡的牧区，也决不动摇市场的决定性作用，以达到提高生产效率，实现高质量循环可持续发展。

第三，牧区"三生"共同体揭示了我国经济发展方式转变的内在规律。

当前，我国投资拉动的经济发展方式与经济高质量发展不适应。若实现经济高质量发展，必须将投资拉动的不可持续的经济发展方式转变为消费拉动的经济发展方式。前提是提高居民收入，同时建立以城乡居民均等化为目标的社会保障制度。

在城乡居民收入差距仍在拉大的背景下，提高居民收入的难点在农牧民。因此，如何提高农牧民收入，特别是提高广大牧民收入，是摆在我们面前不可逾越的历史性重大课题。

牧民收入提高，消费就会增加，社会保障制度的完善打消居民后顾之忧，储蓄就会降低，投资才能减少，供给侧结构性改革才能稳步推进，经济也才能实现高质量发展。

如何提高牧民收入呢？根本在于创造"三生"共同体形成资金闭合链和产品增值链，通过科技成果孵化以及人才引领，发挥市场与政府"两只手"作用，生产规模化、标准化以及营销品牌化，深度融合三产，并发挥牧业康养、旅游、体验与草原文化等多功能性，生产更高质量标准的功能性产品和服务，以中高端人群作为市场目标定位，采取直销、拍卖或期货等方式，统一市场销售价格，以 APP 可视化、区块链技术和契约保险等为保障，实现消费者和生产者高度契合的共享经济，保障功能性畜产品的市场份额，实现功能性畜产品优质优价，方可持续提高牧民收入。

总之，要健全和完善社会保障制度，促进牧民将依靠资金闭合链和产品增殖链而增加的收入更多地用于消费，减少储蓄，继而减少投资，转变为依靠消费拉动经济发展方式，最终实现经济高质量发展。

习近平总书记十分关注内蒙古的发展，他在参加十三届全国人大一次会议内蒙古代表团审议时，对牧区今后的生态保护、提高牧民生活和实施乡村振兴提出了具体要求。摄影／李强

新巴尔虎右旗牧民合作社

摄影／苏德夫

新巴尔虎右旗克尔伦苏木芒赉嘎查，是"三生共同体"的实验基地之一。嘎查党支书米吉格道尔吉通过畜牧专业合作社的改革，把家家户户的草场连接起来，划分成春夏秋冬四个宿营地，实行季节性大划区大轮牧，使大部分草场得以休养生息、恢复植被。合作社有效解决了牧民一家一户单独经营所带来的草场面积小、畜牧业生产成本高、市场竞争力弱等弊端，提高了牧民的收入。

蓝天白云下，骑马的牧人赶着勒勒车在草原上迁徙，这样具有传统意味的景观，成为很多草原上走出来的人心目中珍藏的画面。摄影／苏德夫

第五章 论坛发言名录

开幕式

布小林 内蒙古自治区党委副书记、自治区主席
《"绿色发展"是以人民为中心的发展观》

无论是回顾历史、审视今天还是展望未来，无论是放眼世界、心系中国还是聚焦内蒙古，"绿色发展"本质上是要解决人类生存和可持续发展的问题，其出发点和落脚点都是"人"。坚持走好绿色发展道路，将惠及全社会每一个社会成员，是全体人民过上全面小康生活的重要体现。

于立新 呼伦贝尔市市委书记

在习近平生态文明思想指引下，呼伦贝尔市将坚定不移地贯彻党中央决策部署，全面落实自治区党委、政府工作要求，持续加大生态文明建设力度，积极探索以生态优先、绿色发展为导向的高质量发展新路子，为把祖国北部边疆这道风景线打造得更加亮丽作出新的更大的贡献。

陈家慧 苏里南共和国驻华大使

不同的国家在面对挑战和机遇方面都有不同的经验。因此，呼伦贝尔国际绿色发展大会等会议论坛非常受欢迎，因为这种会议提供了分享想法、经验和信息的机会，并为制定政策和促进合作作出了贡献。

约翰·曼 英国当代历史学家、游历作家、畅销书作家

呼伦贝尔本身在对外释放一个新的信息：不久前，所有人都认为，社会、科学、政府的目的，是将自然使用到极限，使我们的经济得到飞快增长，这种理念理所当然地认为我们的地球可以被当作垃圾场；后来我们看到了结果：有毒的海洋，被污染的城市，被摧毁的雨林，太平洋上漂浮的一个个"塑料岛"，塑料污染物甚至漂到了南极洲海岸……我们都意识到不能再这样继续下去了，变化即将到来。而呼伦贝尔处于这种变化的前沿，因为呼伦贝尔的生态还没有受到工业的大面积破坏，这里应该给世界其他国家带来美。在这个区域，存在着通过保护尚未被破坏的美丽带来变革的领导者们，他们向世界表明，改变是必要的，而且我希望世界能够聆听呼伦贝尔，并把它作为一个例子，作为学习的目标。

陈荣 中国旅游集团总经理助理，中国旅行社总社有限公司、中国国际旅行社总社有限公司董事长

呼伦贝尔的旅游资源种类多，是我国自然资源富集区。资源品位高，适合区域旅游的开展。呼伦贝尔高平原、大兴安岭、松嫩平原板块共同汇聚了丰富而独特的原生态自然资源，拥有中国规模最大、最为完整的生态系统。中俄蒙交会的独特区位，形成了 1733 公里的边境线和最大陆路口岸满洲里口岸等 8 个国家级一类口岸，拥有边疆文化、异国风情、可开发的跨境游产品等诸多旅游业发展优势。通过深度挖掘呼伦贝尔原生态旅游资源价值，努力塑造国际化的旅游品牌形象，加快实施全域游的旅游发展工程，呼伦贝尔旅游资源具有很高的打造国际化高端旅游目的地的潜力。

哈维·佐丁 中国公共外交协会高级顾问、央视特约评论员，ABC 电视台原台长、副总裁

内蒙古地区有很多绿水青山的美丽风景，拥有丰富的自然资源和纯净的空气，以及未受污染的环境，是人间天堂的一部分。当我们处在经济发展和保护环境的十字路口，可以选择破坏这种美丽并损害长期经济发展，也可以选择平衡的环境促进与可持续发展，中国做出了正确的选择。

曲亮 中国光大银行北京分行行长

此次呼伦贝尔国际绿色发展大会是深入贯彻落实习近平生态文明思想，推进落实中央关于生态环境保护和生态文明建设重大决策部署的生动实践。在此，我想发出两点倡议：一是共同携手保护草原生态，弘扬草原文化。二是共同携手走可持续草原发展道路，共享草原经济。

今井真人 日本今井牧场会长

尊重存在于此地区的作为"生命蓄积"的生态系自然资源，以真挚敏锐的洞察力、谦逊的态度、科学的认知和热情，倾听和理解大自然所叙述的语言，为此而开展的文化生产活动，是经世济民的行为。为倾力于生态文明建设与绿色发展的内蒙古点赞。

邓智良 香港特别行政区政府投资推广署助理署长

内蒙古的不少成功企业以香港作为"走出去"的平台，发展国际业务。截至 2019 年 3 月底，在香港上市的内蒙古企业有 8 家，市值超过 1377 亿港元。截至 2018 年 12 月底，内蒙古在香港的投资企业累计达 46 家，协定投资总额达 45.9 亿美元。未来，两地可进一步加强合作，共同把握国家在"一带一路"倡议下的机遇。

全体大会

包钢 内蒙古自治区副主席
《努力把内蒙古建成我国北方重要的生态安全屏障》

表面上看，保护生态环境和发展经济存在一定矛盾，但从根本上讲，两者是有机统一、相辅相成的，因为绿水青山就是金山银山。道理大家都明白，难就难在能否做到知行合一，不能道理是道理，干事归干事，依然把生态文明建设当作说起来重要、做起来次要的事情。内蒙古是资源大区，这几年经济遇到一些矛盾和困难，表面看是速度问题，深层次还是结构问题、质量问题。我们不能因为经济发展遇到一点困难，就开始动"铺摊子上项目"、以牺牲环境换取经济增长的念头，甚至想方设法突破生态保护红线。

洛桑灵智多杰 中国藏学研究中心原副总干事、中国青藏高原研究所理事长
《弘扬草原文化 推进生态文明 筑牢生态屏障》

　　在人与自然关系的问题上，草原文化崇尚自然，草原文明是一种生态文明，是一种生态智慧。追求人与自然和谐相处，不仅为保护民族正规的草原生态环境作出了重要贡献，而且为解决当今社会面临的环境问题，推进生态文明建设给予了重要的启迪。因此我们有理由认为，弘扬草原文化，应当成为生态文明建设的重要思想来源和价值取向。

史蒂芬·劳赫 奥地利中欧发展促进会主席
《我们的未来是什么样子的》

　　未来的绿色科技时代将改变我们的世界，使之变得更好。虽然一些专家预测，我们日常生活中的重要变化将需要几十年的时间，但这一判断低估了主宰我们未来生活的技术指数增长率。探讨哪些核心技术将对我们的世界产生最大的影响，并了解它们如何通过协同作用变得更加强大，才能了解我们的日常生活在不久的将来会是什么样子。

沈国舫 中国工程院院士
《山水林田湖草生命共同体可持续综合经营的战略思考》

　　总书记的"绿水青山就是金山银山"的论断，在其发展过程中有三个阶段。第一阶段是"既要绿水青山也要金山银山"，第二阶段是"宁要绿水青山不要金山银山"，第三阶段是"绿水青山就是金山银山"。第一阶段"既要绿水青山也要金山银山"，绿水青山既是良好的生态环境，也是健康优美的山水林田湖草的自然综合体；金山银山指的是物质财富，包括人民群众较高的就业指数，这两者我们都要，这代表了一种价值观，也是一种愿望。第二阶段是"宁要绿水青山，不要金山银山"，代表人民群众在解决温饱、达到小康生活水平以后，在追求上体现出我们宁可暂时牺牲一些经济利益，也愿意要有良好的生态环境，所以要限制那些破坏生态、污染环境的产业，要投入足够的代价来改善生态环境。第三阶段，"绿水青山就是金山银山"，讲的是绿水青山和金山银山并不是对立的矛盾，有了绿水青山就有可能也更有利于得到金山银山，而且这个是货真价实的金山银山，是健康安全的经济发展和物质财富。但是还有一方面，要使得绿水青山变为金山银山，是要付出努力、要做很多工作的，这不是自然而然的。首先要努力建造好、修复好绿水青山的优良生态环境，接着努力安排好、经营好和管理好绿水青山自然综合体，使之发挥好最强的功能，起到最大的效益，然后才能得到真正的进展。

许宪春　国家统计局原副局长、高级统计师
《大数据与绿色发展》

　　如何实现绿色发展是中国目前面临的巨大挑战。原来靠资源投入、投资拉动、外需拉动的粗放的增长方式已不能再继续，要实现绿色发展，必须寻求合适的发展方式。伴随着互联网的成长，大数据得到迅速的发展，给绿色发展提供了一种重要途径。

小谷荣二　日本 Farmage 株式会社总裁代表
《从农场（牧场）创造可持续发展的未来》

　　在日本已取得成效的新的放牧技术（CGS），就是将家畜进行轮牧，使草地经营具有可持续性的技术。CGS不仅不会伤害草地，

相反还能提高其密度。CGS 是能够保持草地的高水平营养值，并有效合理地供给家畜食用的系统。CGS 也是使生态系(特别是土壤)具有生物多样性的技术。

陈吕军 清华大学环境学院清洁生产与生态工业研究中心主任
《呼伦贝尔国家级经开区"产业生态化与生态产业化"战略研究》

呼伦贝尔国家级经开区实施"产业生态化及生态产业化"发展战略，一是空间上要站在全市角度去谋划开发区产业发展，研究呼伦贝尔全市的农牧业、林业经济、工业、现代服务业、口岸经济、电商产业、物流业等典型产业历史现状与发展趋势，准确定位呼伦贝尔产业国家级经开区的新动能产业选择及发展方向；二是时间上要面向 2035 美丽中国基本建成的目标，发展优势动能，提出呼伦贝尔国家级经开区面向 2035 的发展愿景。

凯斯·美林 美国导演协会成员，电影艺术与科学学会会员，制片人、编剧、导演
《影视业即绿色产业》

生态文明可能不是要求做得更多，而是要求做得更少，甚至是放弃一些已经做过的事情。生态文明时代必须是有意识建设、不懈追求和巧妙设计的文明。不同于地球上无数个时代和先前出现的文明，未来不能让于侥幸，未来不能被少数有权势的人掌握。它必须是一种全球文明和一个（命运）共同体。

森林与水资源分论坛

阿晋勒 额尔古纳市市长

额尔古纳作为森林及水资源都相对丰富的地区，近年来在生态建设实践中，坚持以习近平生态文明思想为指引，坚决落实国家停止天然林采伐政策，实施了天保工程公益林管护等重点生态工程，严厉打击毁林开荒行为。"十二五"期间完成造林 6.6 万亩，义务植树 66 万株，累计新增林地面积达到 6.8 万公顷。伴随着生态工程的深入实施，额尔古纳的天更蓝、山更绿、水更清。优美的自然环境吸引了国内外游客纷至沓来，诠释了总书记"绿水青山就是金山银山"的科学论断，为筑牢祖国北疆安全稳定屏障打下了坚实基础。今天额尔古纳有幸成为呼伦贝尔国际绿色发展大会分会场，这是对我们生态工作的肯定，希望借此论坛机会，能够学习各位专家学者在生态领域的前沿理论和先进经验，为今后额尔古纳的绿色发展提供指导方向。

巴树桓 呼伦贝尔市政协原主席、内蒙古自治区政协常委、呼伦贝尔学院教授、满洲里国门党建学院教授

呼伦贝尔有两千多个湖泊湿地，一万多条河流，但我们涵养水源的工作做得还不够好。我们的生态是极其脆弱的，在社会发展过程当中，我们对水的索取是无止境的，在下一步的发展当中，这必须要引起高度重视，不能无节制地索取，一定要用科学发展的眼光来看，对水资源的利用要量力而行。

喇明清 西南民族大学历史与文化学院院长
《试论内蒙古生态系统保护利用促绿色发展的举措——基于国家公园建设和生态旅游发展的视角》

内蒙在建设北方生态安全屏障，探索生态优先、绿色发展为导向的高质量发展新路中，可选择建设系列国家公园；在各类自然与文化保护体系建设及其旅游利用中，可以而且应当实施真正意义的生态旅游。这样，就有利于建设北方生态安全屏障，有利于新兴的旅游产业促进地区经济、社会和环境保护的可持续协调发展。

乌·额·宝力格 剑桥大学社会人类学教授、
国际蒙古学协会副会长

农耕文明中的人对土地的使用方式是开垦，因此在历史上的农耕文明视野下，草原是荒地，应当"被开垦"……这些观念的区别，可能是漫长的历史年代中留下来的，转变非常不易，但在某些特殊的历史机遇下，也可能很快得到改变。我们现在正处在一个开放包容、民族团结的历史条件下，如何让草原保持住自己的美丽，让草原上的传统理念得以流传，现在是个好的机会，要认真对待。

杨·巴雅尔 内蒙古师范大学旅游学院教授
《草原、水资源与牧区发展——以内蒙古牧区为例》

今天在这里讲草原、水资源、牧区发展，实际上是想通过我们如何保护好草原的水资源，从而保护草原的长治久安，保护好草原上的万物的繁衍昌盛、生生不息。水是草原的生命之源，有水、水量充沛，草原才能兴旺，才有未来。然而，这些年来，在开发草原的资源的同时，对草原水资源的过度利用或不合理利用状况一直没有有效禁止，从而使本就严重缺水的草原不堪重负，好多地区出现了严重退化现象，要引起高度警惕。

草原分论坛

白爱军　呼伦贝尔市人大常委会副主任

在那遥远的天边有一个美丽的地方，碧绿的草原，金色的牧场上牛羊成群，醇香的马奶酒燃烧着牧人的激情，阿妈阿爸的生活像草原上的花一样，绽放出醉人的芬芳。这是一个多么令人神往的地方，这就是新巴尔虎右旗草原。这是一个多么令人留恋的地方，这就是人间天堂。

娜日斯　新巴尔虎右旗旗委书记

近年来，新巴尔虎右旗充分发挥资源禀赋、经济形态等优势，积极探索生态优先绿色发展的新路径，不断加快畜牧业转型升级步伐，积极融入呼伦贝尔草原羊肉品牌建设发展战略，做大做强西旗羊肉地理标志品牌，做亮做美草原和生态两张名片。去年以来，我们按照生态优先绿色发展的思路，认真组织开展了牧区现代化试点工作，围绕创新牧区生产经营管理方式，加强草原生态保护，推动畜牧业产业发展和融合等。体现生态文明建设是关系到一个国家一个民族永续发展的根本大计，保护好建设好这片草原是最普惠的民生福祉，关系发展大局。我们将始终坚持以人民为中心的发展观，不断探索可持续的更高质量的生产生活方式，在提高生产力的同时提升生态，既要美丽草原也要幸福生活。

布和巴雅尔 新巴尔虎右旗旗长

2018 年 9 月 16 日，首届阿尔山论坛举行后，我旗启动了牧区现代化试点建设工作，组织人员赴外地学习先进经验，为牧区集体产权制度改革、特色养殖加工、专业合作社运作进行考察，为推动牧区现代化试点建设开阔了眼界和思路。目前经自治区和呼伦贝尔市人民政府批准，我旗正式成为牧区现代化试点旗县。我们制订了新巴尔虎右旗牧区现代化试点方案，方案制订的初衷是推动乡村振兴、立足边疆少数民族地区特点和实际，加快牧区现代化建设步伐，探索以生态优先、绿色发展为导向的高质量发展新路子。

姚凤桐 内蒙古农业大学经济管理学院教授
《新巴尔虎右旗"三生共同体"先行示范园建设回顾与展望》

刘易斯拐点、卢卡斯之谜、索洛增长困境、格申克龙假说及熊彼特假说等并存的新巴尔虎右旗牧区，由于长期存在"三生""三产"分离的问题，使牧民持续增收困难。2018 年，我们依据共同经济学的理论，在该旗建立了"三生共同体"先行示范园。

红梅 内蒙古农业大学草原与资源环境学院副院长
《牧区产业现代化生产经营技术模式示范研究》

在"三生共同体"先行示范园中，我们先后实行了草地资源高效利用技术模式、高效养殖技术模式、家畜高效繁育技术、家畜疫病防治技术、水利设施建设方案、冷链加工技术，并在新巴尔虎右旗建立了牧区产业现代化大数据平台。

杜富林　内蒙古农业大学经济管理学院教授
《加入"三生共同体"牧户收入增长分析》

　　"三生"共同体示范园实行规模化生产、标准化经营、品牌化营销，牧民作为股东可以获得降低成本、提高价格、利润返还以及三险一金四个方面的利好，从而保证牧民收入稳步提高。仅以一般规模牧户加入"三生"共同体牧业新型经营组织前后的利润变化为例，加入"三生"共同体牧业新型经营组织1~3年内一般规模牧户利润为192950元，比加入前93300元增收99650元，4~5年增收179850元，5年后增收274450元。

伊日布斯　昆明理工大学生命科学与技术学院教授
《蒙古族传统乳制品的现代化生产》

　　蒙古族传统乳制品的种类之丰富、加工工艺之精湛堪称世界之奇，但是，至今未能实现工业化生产。我们首次开发了酸马奶的共生发酵技术，解决了传统酸马奶的技术瓶颈，成功研发了酸马奶的现代化生产技术。

闭幕式

李秉荣　内蒙古自治区副主席

　　落实好习近平总书记为内蒙古确立的建设我国北方重要生态安全屏障的战略定位，是一项系统工程，需要我们集思广益、共同努力。一是要在生态环境的系统治理上发力。二是要在绿色品牌的创建保护上发力。三是要在激励政策的统筹创新上发力。四是要在法治建设的与时俱进上发力。绿色发展需要不断健全与完善法治环境，需要法治思维的科学治理和法治行为的正确引导与监督。这次呼伦贝尔国际绿色发展大会，凝聚绿色发展共识，引领高质量发展，很有意义。

罗格　塞拉利昂共和国驻华公使

塞拉利昂总统比奥一直积极支持可持续发展，他认为可持续发展和绿色发展之间有着很重要的联系。我们的目标是要在经济发展和生态建设之间取得平衡，同时要不以牺牲环境为代价来寻求经济发展。这次大会所讨论的绿色发展的目标，就是要减少环境问题，实现可持续发展，保护好环境。在国家层面和国际层面来说，我们都需要共同努力发展技术，拓展知识，提升环保意识，努力追求可持续的经济发展和生态发展。随着中国"一带一路"政策的实施，塞拉利昂现在和中国都处在新的经济合作的紧要关头，欢迎来到塞拉利昂投资。

余爱水　中国人民解放军北京军区空军原副政委
《绿色是发展之魂》

绿色是发展之魂。破坏生态，严重污染，非绿色非理性增长，是野蛮生长，是不可持续的，最终将走到尽头，必然衰退，甚至消亡。这次会议，是很有情怀的会议，概括起来讲，就是忧天悯地，求真务实。超越本地区，胸怀天下，放眼未来，为子孙后代着想，为全人类着想，大家相聚一起，是来探求生态文明、绿色发展的真谛，是针对普遍性问题，结合当地实际，提出治理环境、坚持绿色发展的办法和路径，体现了很强的务实精神。

李治安　南开大学教授、中国元史研究会原会长
《历史传统与人类的绿色发展》

自古以来我们就有人与自然和谐共处的优良传统，也经历过历史上许多破坏生态环境的失误。要纠正"农耕先进"与"游牧落后"的偏见。从绿色发展的层面来看，游牧民族的生存方式是先进的，理应得到充分的尊重与肯定。

蒲坚　中信改革发展研究基金会副理事长
北京大学习近平新时代中国特色社会主义思想研究院特聘教授

无论开什么样的研讨会，进行什么样的理论探讨，有三点是必须做的，那就是在中国共产党的领导下，第一个是我们要有组织的力量，这个组织的力量是我们取得未来发展的一个基本着眼点；第二个是我们要有行动力，不能老是停留在研讨，必须从我们的镇和我们的企业开始，从我们脚下的土地去入手；第三个要取决于我们坚定的一点——我们是不是愿意持续性地坚定地走这条绿色发展的道路、生态发展的道路。

呼伦贝尔优美的绿水青山，为这次呼伦贝尔国际绿色发展大会的客人留下了美好而深刻的记忆

蒙古大营蒙古族传统文化展演

新巴尔虎右旗边的"弘吉剌部"蒙古大营，既是当地蒙古族文化的"博物馆"，又是接待客人的"客厅"与"舞台"。在这里，非物质文化遗产传承人为大家展示了丰富的新巴尔虎右旗文化。

首届呼伦贝尔国际绿色发展大会闭幕式现场

2019 年 8 月 29 日，在呼伦贝尔草原上移动的绿色发展大会于新巴尔虎右旗落下帷幕。闭幕式上，诸多发言嘉宾表达了对美丽草原风光的恋恋不舍。内蒙古自治区副主席李秉荣致辞道，落实好习近平总书记为内蒙古确立的建设我国北方重要生态安全屏障的战略定位，是一项系统工程，要在生态环境的系统治理、绿色品牌的创建保护、激励政策的统筹创新和法治建设的与时俱进上集思广益、共同努力。

摄影／苏德夫

后
记

发展与回归：从草原文化角度
浅谈如何努力做好生态文明这篇文章

内蒙古草原文化保护发展基金会 葛健

蓝天、白云、骏马、蒙古包和大草原，蜿蜒流淌的额尔古纳河，高山深处巍巍的兴安岭，特别是昨天晚上当一群年过半百的牧民们身着盛装手捧哈达唱着动听的牧歌、晃动着上身、迈着坚定的步伐向我们走来时，我情不自禁泪如涌泉。几千年来，我们以自己的节奏和生活方式在这里经历过原始文明、农业文明、工业文明，今天走到了生态文明的新时代。

多年前，内蒙古草原文化保护发展基金会成立之初，我们树立了"梳理、传承、保护、发展"草原文化的宗旨。而在多年不断进行大量梳理、传承和保护的基础工作之后，我们发现：生态文明是现阶段草原文化的发展目标之一，同样也是一种价值和情感的回归。

党的十八大报告重点论及"生态文明"，并将其提升到更高的战略层面。报告指出：面对资源约束趋紧、环境污染严重、生态系统退化的严峻形势，必须树立尊重自然、顺应自然、保护自然的生态文明理念，把生态文明建设放在突出地位，融入经济建设、政治建设、文化建设、社会建设各方面和全过程，努力建设美丽中国，实现中华民族永续发展。回顾历史，其实在中华民族传统文化中，生态伦理思想一直都是其主要内涵之一。比如《周礼》上说："草木零落，然后入山林。"又如《中庸》里讲："能尽人之性，则能尽物之性；能尽物之性，则可以赞天地之化育；可以赞天地之化育，则可以与天地参矣。"草原文化作为中华文化的有机组成部分，以其丰富的内涵和独有的精神特质对中华文明和世界文明的发展产生了重大影响。无论是"敬畏自然""天人合一"的人与自然和谐共生的生态理念，还是融入各族人群复合文化、多种信仰的多样性发展观，贯穿于草原民族的生产方式和生活方式，世世代代相传直至今日，为人们所敬仰和遵守。以蒙古族为例，早期便有习惯法规定严禁挖掘草地、遗火、春夏季狩猎和污染水源等行为。元代以后形成的所有成文法几乎都涉及到了生态问题，对蓄意破坏草场、盗猎等行为制定了严厉的制裁法规，《元典章》《阿拉坦汗法典》《喀尔喀法典》等还列出了保护动物的名单，都反映了蒙古民族高度自觉的生态保护意识。这是一种深入骨血的理念，曾受到工业文明发展的冲击，也曾被盲目发展的愿望所鄙弃，然而现今我们再次聚首在生态文明建设的大旗下重新审视草原文化，它需要自然的反思，需要情感的回归，需要集思广益、凝聚力量，以求更好的传承和发展。

重新审视草原文化，将生态文明作为发展目标与初心回归，明确生产力发展目标和考核机制是我们基金会目前研究的主要课题之一。"绿色GDP"的基本思想最早在1946年由英国经济学家、诺贝尔经济学奖获得者约翰·希克斯（John Richard Hicks）提

现代化的生产方式，慢慢进入草原深处的传统生活中。图中远处为宝格德乌拉圣山。摄影／苏德夫

出。这个概念的基础是：只有当全部的资本存量随时间保持不变或增长时，这种发展途径才是可持续的。1985 年生态经济学家汉农（Hannon）首次提出的生态系统生产总值（GEP）概念迅速被人们所接受。全面实施绿色经济考评体系，让内蒙古绿水青山的"亮丽风景线"变成金山银山的"绿色经济产值"需要我们共同努力。另外，要走好内蒙古绿色发展之路，构建以"绿色经济"为导向的产业生态化与生态产业化体系，需要做好生态、资源、环境、经济、民生五个方面的协调发展。这里面，除了积极推动现代绿色能源经济发展，本月上旬我们主办了第二届内蒙古国际能源大会之外，大力培育发展草原生态产业和绿色服务业，推动生态资源与文化旅游产业深度融合发展，也是我们基金会和企业始终在奋斗的方向。

　　从生活方式的视角，则需要我们通过提供相应的产品和服务，加之有效传播，不断引导人们在追求更高生活水平的同时，践行绿色低碳、节能环保、简约适度的生活方式，倡导与大自然和谐共生、高质量发展的文化理念。无论是基金会过去创作的音乐剧《阿拉腾·陶来》《阿尔山》，还是近一两年拍摄的影视剧作品《忽必烈》《海林都》（爱之歌），以及在企业层面我们不断提升的各种产品及服务，都力求潜移默化影响消费者和受众，促进人们在衣食住行游中形成绿色生活消费习惯，使草原文化在社会主义精神文明建设和生态文明发展中继续焕发出勃勃生机和新的活力。

　　总之，我们要在习总书记的指示和要求下，在内蒙古自治区政府的引领和带动下，不断探索以"生态优先、绿色发展"为导向的高质量发展新路子，使我们的天更蓝、水更绿、山更青，草原更富有文化魅力；生态文明在此回归草原人民的初心，草原文化未来顺利发展至生态文明阶段；为家乡的生产、生活方式注入绿色发展新动能，我们"千里之行，始于足下"，"一万年太久，只争朝夕"！

由内蒙古草原文化保护发展基金会、内蒙古电影集团联合摄制、2019 年 11 月上映的电影《海林都》"爱之歌"，弘扬了"草原母亲"伟大的奉献精神。图为《海林都》剧照

图书在版编目（ＣＩＰ）数据

呼伦贝尔共识 / 内蒙古草原文化保护发展基金会编
著 . ——北京：经济日报出版社，2020.8
ISBN 978-7-5196-0702-9

Ⅰ . ①呼… Ⅱ . ①内… Ⅲ . ①绿色经济 – 经济发展 –
世界 Ⅳ . ① F113.3

中国版本图书馆 CIP 数据核字 (2020) 第 146752 号

呼伦贝尔共识

编 著 者	内蒙古草原文化保护发展基金会
责任编辑	王 含
责任校对	李艳春
出版发行	经济日报出版社
社 址	北京市西城区白纸坊东街 2 号 A 座综合楼 710(邮政编码 :100054)
电 话	010-63567684(总编室)
	010-63584556（财经编辑部）
	010-63567687（企业与企业家史编辑部）
	010-63567683（经济与管理学术编辑部）
	010-63538621 63567692（发行部）
网 址	www.edpbook.com.cn
E-mail	edpbook@126.com
经 销	全国新华书店
印 刷	北京美图印务有限公司
开 本	787×1092 毫米 1/16
印 张	9.75
字 数	130 千字
版 次	2020 年 8 月第一版
印 次	2020 年 8 月第一次印刷
书 号	ISBN 978-7-5196-0702-9
定 价	88.00 元